3ステップで学ぶ

自治体SDGs

STEP

基本がわかるQ&A

笹谷 秀光

ぎょうせい

はじめに

「SDGs」（エス・ディー・ジーズ）という言葉を見聞しない日はなくなりました。SDGs（持続可能な開発目標）は、2015年国連サミットで世界193か国の合意により策定されました。2030年に向けた17目標からなる、持続可能な社会づくりの羅針盤といえるものです。

例えば、新型コロナウイルスによるパンデミック（世界的大流行）はSDGsとどう関係するのでしょうか。SDGsの17目標のひとつに3番「健康」があり、「感染症への対処」や世界的なパートナーシップが明記されています。今はパンデミックからの「より良き回復」に向けてSDGsの羅針盤機能が注目されています。

パンデミックでは自治体の役割がクローズアップされています。都道府県はもちろん、市町村・特別区の対応が市民から高い関心を集めています。我々は、グローバル化の中で、やはりローカルの一員であると改めて気づいたのです。どの国に住んでいるか、どの自治体に住んでいるか、が重要になりました。

今回の新型コロナウイルスの世界的流行によって、SDGsがリスク管理でも機能することが、いち早くSDGsに取り組んできた関係者に再認識されています。

予期せぬ世界危機が身近に影響を与える時代に、ＳＤＧｓが果たす羅針盤機能をどう生かすべきでしょうか。もともと、ＳＤＧｓは、地球規模の困難な課題をどう乗り越えるかという危機感が根底にあってつくられました。ＳＤＧｓを盛り込んだ国連文書のタイトルは「我々の世界を変革する：持続可能な開発のための２０３０アジェンダ」です。まさに「変革」に役立つように策定されたものです。

新型コロナウイルスによる「グレート・リセット（大変革）」は社会の大きな変革を伴います。ＳＤＧｓは、ますます不可欠な羅針盤になっていくと思います。これを理解しないと、世界から、日本から、いつの間にか「置いていかれる」ことになりかねません。

そして、ＳＤＧｓは完全に政策そのものになりました。それも政策の「主流」です。主流というのは、単なる参照事項や枕言葉ではなく、ＳＤＧｓの推進自体が重要な政策になったのです。

その象徴が「スーパーシティ構想」という最新のシティ政策です。規制緩和と最新技術の組み合わせで異次元の「まるごと未来都市」をつくる構想です。２０２０年6月に規制緩和部分の国家戦略特別区域法の一部を改正する法律が成立しました。注目すべきは、この構想はＳＤＧｓの実現をねらうことです。スーパーシティのマークにはＳＤＧｓのロゴも入り「J-Tech challenges SDGs」がキャッチフレーズです。

政府は全閣僚をメンバーとする「ＳＤＧｓ推進本部」をつくり、ＳＤＧｓの重点分野を、Ｓｏ

ciety5・0、地方創生、次世代育成・女性活躍の3つにしています。関係者にSDGsの推進を呼びかけ、ようやく最近では自治体はもちろん、関係者に広がり「主流化」しつつあります。

政府は「ジャパンSDGsアワード」表彰で、2017年度からの3年間に自治体を含め約40組織を選定しました。また、内閣府地方創生推進事務局が先駆的な取り組みを選ぶ「SDGs未来都市」制度をつくり、2018年度からの3年間で94自治体を選定しました。全国で47ある都道府県のうち10、1741ある市町村・区のうち84です。

経済界では、対応が早かった世界企業に対し、スロースターターであった日本企業もようやくSDGsを明確に打ち出し始めています。地方創生では、次世代通信技術の5Gをはじめとして企業の創造性とイノベーション力を使わなければ対応できない課題が増えています。これからはSDGs企業を呼び込むにはSDGs自治体が圧倒的に優位に立つでしょう。

大学も含めたSDGs教育で、ポストミレニアル世代がSDGsを自在に使いこなす「SDGsネイティブ」として育っています。地方での人材確保にも関連してきます。

このように、SDGsは、地方創生を取り巻く「まち」「ひと」「しごと」の全てに関連します。ところが、SDGsは世界の共通言語であり重要な羅針盤であるにも関わらず、日本での認知度は低いと言わざるを得ません。英語で外来の概念だということが大きいです。また、日本には「和の精神」などがあるので外来の概念は不要だという雰囲気が根強いからです。しかし残念ながら、日本の考え方がそのまま世界に通用するわけではありません。

このような中で、ＳＤＧｓ未来都市制度は、自治体間に競争原理を働かせました。なぜあの自治体がＳＤＧｓ未来都市なのか、なぜ自分の自治体は選ばれていないのかという議論が沸き起こりました。

意識の高い首長はＳＤＧｓを使った新たな行政体系の構築に興味を持ち、推進する部局である総合企画や戦略部局も頑張っています。しかし、役所の縦割り構造の弊害で制度や予算の権限を持っている既存部局は、なぜ今更そのような外来の概念が必要なのかと、ＳＤＧｓ推進を阻害していないでしょうか。庁内でコンセンサスがないと、ＳＤＧｓ責任部局は首長からの指示と現場との間で「サンドイッチ」になってしまうわけです。企業の現場でも同じような状況が見られます。

そこで、ＳＤＧｓの最新情報と関係者への浸透のコツを伝えることが本書のねらいです。

かくいう私は、31年間農林水産省に勤務し、中山間地域活性化推進室長などで地方行政も経験しました。その後、株式会社伊藤園で取締役などとして11年間ビジネスに身を置き、現在は千葉商科大学で教壇に立っています。結果的に、一人で「産官学」の３つを経験しています。

この経験の集大成として、『Ｑ＆Ａ　ＳＤＧｓ経営』（日本経済新聞出版・２０１９年10月）を出しました。これも生かし本書では、行政と企業の「橋渡し」や地方創生ビジネスの視点も入れます。

この第１巻では、ＳＤＧｓの本質を理解いただきます。一問一答の形でどこからでも読めます。

第2巻ではSDGsを実践するためのメソッドをお伝えします。そして、第3巻では私が実行委員長を務めている「未来まちづくりフォーラム」などの経験も活かし、SDGs未来都市を中心に事例からヒントを抽出します。

この「理解」「実践」「事例」の三部作は「未来まちづくりSDGs」への羅針盤です。

本書が、自治体をはじめ、SDGsビジネスを考える企業・地域金融機関、大学、メディア、NPO／NGOなどの方、そして政策推進者にとって参考になれば幸いです。

令和2年10月

千葉商科大学基盤教育機構・教授　笹谷　秀光

第2章　まちづくりとSDGsの関わりは？

第3章 SDGsで地域を元気に！

第4章 SDGsの未来

※本書中の第１巻、第２巻、第３巻とは、本シリーズ以下の書名を指す。
第１巻『ＳＴＥＰ①　基本がわかるＱ＆Ａ』
第２巻『ＳＴＥＰ②　実践に役立つメソッド』
第３巻『ＳＴＥＰ③　事例で見るまちづくり』

Sustainable
Development
Goals

序章

SDGsの「怖さ」を知ろう

Q1 今なぜ自治体ＳＤＧｓなのか？

政策そのものになったＳＤＧｓ

ＳＤＧｓが様々な政策に取り入れられる中で、全閣僚メンバーから構成される政府のＳＤＧｓ推進本部が２０１７年には自治体についてもＳＤＧｓを重要な推進要素にしました。中でも２０１８年度から発足した「ＳＤＧｓ未来都市制度」と「自治体ＳＤＧｓモデル事業」が重要です。すでに２０１８年度から２０２０年度で94自治体が選定されています。

２０１９年12月に発表された第２期まち・ひと・しごと総合戦略では、ＳＤＧｓが重要な横断的目標として位置づけられました。

ＳＤＧｓは「主流化」し、２０１９年の内閣府の取りまとめによれば、地方創生のＳＤＧｓ関連予算は１２７本に及び、ほとんど全ての府省が関係しています。このＳＤＧｓの主流化は、政策や予算の大枠を決める、いわゆる「骨太の方針」という政府の重要文書でのＳＤＧｓの扱いに明確に表れています。２０１７年版～２０２０年版を比較すると毎年ＳＤＧｓのウェイトが高まっています。

その結果、現在はＳＤＧｓと関連付けなければ予算がとりにくい、制度が設計しにくいという流れが加速しています。各府省は、ＳＤＧｓの先陣争いを展開しています。

スーパーシティ構想の法案が成立

ＳＤＧｓの主流化を象徴する政策が「スーパーシティ構想」です。これまでもスマートシティや近未来技術実証特区など様々なシティ政策がありましたので、また「屋上屋」を重ねるのかといった見方もあろうかと思います。しかし、これまでの政策はエネルギー・交通などの「個別」分野での取り組みや「個別」の最先端技術の実証などにとどまっていました。

政府によれば、「スーパーシティ」はこれらとは「異次元」の政策として「まるごと未来都市をつくる」ものです。

また、注目すべきは、この構想はＳＤＧｓの実現もねらうもので、スーパーシティのロゴマークにはＳＤＧｓのロゴも入って、「J-Tech challenges SDGs」がキャッチフレーズです。

Super City
J-Tech challenges SDGs

※官邸HPより

スーパーシティのロゴマーク

この構想により、ＳＤＧｓ未来都市の指定の成果も踏まえ世界に冠たるスーパーシティが生まれる可能性があります。担当はＳＤＧｓ未来都市も推進する内閣府地方創生推進事務局です。

この政策は「特区」制度を使うことにより規制緩和と絡めているところが最大の特色です。これまで、ドローン技術、５Ｇ技術をはじめ最先端技術を活用するにも様々な規制で対応できなかった部分を特区制度という規制緩和で対処するものです。通信分野では５Ｇの実装が始まっているのでこの政策は極めて重要です。

次のような領域（少なくとも5領域以上など）を広くカバーし、生活全般にまたがる企画です（①移動、②物流、③支払い、④行政、⑤医療・介護、⑥教育、⑦エネルギー・水、⑧環境・ゴミ、⑨防犯、⑩防災・安全）。ＳＤＧｓと同じ２０３０年頃に実現される未来社会を念頭に置いています。

新型コロナウイルスで経済が大幅に減速した最中に、この法律が成立したのは、ニュー・ノーマルに求められるテレワーク、遠隔医療、自動運転、ウェブ教育などでピンチをチャンスに変える絶好のタイミングといえます。思い返せば2年がかりでこの法案がようやく成立したのでした。

この構想を理解した、感度の良い自治体等はすでに手を上げており、56団体からアイデアが出ています。すでに先陣争いが始まっているわけです。多くのＳＤＧｓ企業も高い関心を示しています。企業がバーチャルの展示ブースで常時ＳＮＳ上に出展し、自治体との間の橋渡しを目的とする「オープンラボ」の登録企業等は１７４（いずれも、２０２０年8月31日時点の数値）にも上ります（詳しくは第3巻参照）。

このように政府の最新の動きにＳＤＧｓが絡んでくることが多いので、自治体は今やＳＤＧｓを理解しないことには、政策や事業への参画がかないません。またＳＤＧｓを理解している自治体とそうではない自治体では大きく差がついていきます。このように差がつくのがＳＤＧｓなのです。

Q2 新型コロナ・パンデミックとSDGsはどう関係する？

新型コロナウイルスによるパンデミックという予期せぬ世界的危機が吹き出し、今世界は大きな変革期を迎えています。

このような時代だからこそ、国・自治体・企業は常に様々なリスクを管理し、持続可能性を考慮しなければなりません。

自治体や企業がSDGsに取り組むメリットとして、これまでどちらかというと、社会課題の解決に新たなビジネスの機会が潜んでいる、といった文脈でチャンスの面が強調されることが多かったと思います。今回の新型コロナウイルスの世界的流行によって、SDGsがリスク管理においても機能することが、いち早くSDGsに取り組んできた関係者において再認識されています。

2020年7月にはSDGs未来都市の静岡市にお招きいただき、田辺信宏市長をはじめ幹部が出席する、2020年度第1回静岡市創生・SDGs推進本部会議で講演させていただきました。まさにテーマは、「ポストコロナとSDGs」でした（2020年7月14日、静岡市SDGsのご紹介は第2巻第3章の「SDGsのローカライズと世界への発信」を参照）。

Q3 SDGsで日本のポテンシャルを生かすには？

ルールが変わった

「持続可能性」とは、「世のため、人のため、自分のため、そして子孫のため」というイメージです。この「子孫のため」という世代を考慮した軸が入っている概念です。

SDGsは、自主的取り組みが基本です。やれる人がやれるところからすぐにでも着手しようというルールです。そうしなければ、もはや地球規模の課題の対処に間に合わないという危機感が背景にあります。このルールは怖いです。どんどん差がつくからです。「ぼーっと」していれば置いていかれます。日本が欧米に置いていかれる。日本の中でもSDGs仲間の埒外に置かれてしまう。

今までとルールが変わったということを認識する必要があります。横並び思考から一刻も早く抜け出して、すぐにでも自分の組織は何をすべきか、自分は何ができるかを、SDGsをヒントに考えなければいけません。

もうすでにＳＤＧｓ策定から5年もたち、自治体ＳＤＧｓが本格化してから3年目を迎えています。今やＳＤＧｓを「解読」する段階ではありません。いかに活用するかの段階に入っています。解読中の関係者は解読を終了して早急に活用段階に移り、活用している関係者はより一層使いこなしていく。そのような時代になったと思います。今ならまだぎりぎり間に合うでしょう。

ＳＤＧｓスルーを防ぐには

ＳＤＧｓは突き詰めると文明論ではないでしょうか。ＳＤＧｓの取り組み方も国の文明によって異なるとつくづく思います。例えば、スウェーデンのグレタ・トゥーンベリさんへの反応などでもお国柄が表れます。ミレニアル世代やそれより若いポストミレニアル世代の方が、ＳＤＧｓに関心を寄せる比率が非常に高いです。

日本には、和の精神や「三方良し」（自分良し・相手良し・世間良し）のようなマインドがあります。これは商習慣だけでなく、「自治体良し、市民良し、世間良し」と見れば、自治体にも応用できます。

このようなマインドがある日本はＳＤＧｓを加速させるポテンシャルは極めて高いのです。ところが、これが「くせ者」です。このため、「わざわざ外来のＳＤＧｓなどいらない」との議論になりやすいのです。ここが運命の分かれ目になります。

このような思い込みと横文字への苦手意識もあって、SDGsを「スルー」してしまうのです（私はこれを「SDGsスルー」と呼んでいます）。

素晴らしい「SDGsスルー」もあります。2030年よりも先の未来を見るべきだといって、SDGsを勉強しないまま「BEYOND SDGs」ときました。完全にSDGsをスルーするものです。しかしスルーしていたら世界の共通言語を理解しないまま2030年を迎えてしまうわけで、これはもったいない話です。

和の精神や三方良しはよいのですが、今のところ世界には通用しません。それは陰徳の美を良しとして、あえて自分から発信しないことが多かったためです。

今は、世代の違いで「わかる人にはわかる」といった空気を読む方法は通じません。ましてやグローバルには通用しません。何より、発信しないと相手に気づきを与えられず、イノベーションにつながらないことが課題です。

そこで、三方良しを補正して、「発信性」を加えるべきと考え、私は、「発信型三方良し」を提唱してきました。「三方良し」の「世間」の課題が、今はSDGsだと考えればよいのです。つまり「発信型三方良し」を「SDGs化」していけば世界に通用するのです。これが現代版「三方良し」です。

世界の共通言語ＳＤＧｓの自分事化

今は「ビジネス思考」の日本創生・地方創生が求められています。それが２０１５年発刊の拙著『協創力が稼ぐ時代―ビジネス思考の日本創生・地方創生』（ウィズワークス・２０１５年10月）のテーマでした。日本は相次ぐ世界遺産の登録や東京オリンピック・パラリンピック（以下、「東京五輪」）の招致、大阪・関西万博の招致などで世界に認められるチャンスがある一方、人口減少、少子高齢化などの難局が迫るという、複雑な状況の下にあります。その中で勝機をつかむために必要な具体的な行動は何でしょうか。

本書では、私の元官僚・元企業人としての経験を生かして、

○自治体関係者には、ＳＤＧｓを使って企業や関係者の力を引き出し自治体のサバイバルにつなぐための気づき

○企業人や関係者には、地方創生ビジネスを商機につなげるための気づき

を事例を交えてわかりやすく示します。これにより、両者の「橋渡し」をして、自治体ＳＤＧｓのコツを示そうと思います。

政府の戦略は、企業人には「自社に何が関係するか」という「自分事化」しないとわかりにくいです。自社や自分の自治体にひもづけすると、がぜん関心が高まります。ただ、この作業は政

策をよく理解しないと意外に難しいことでしょう。

自治体関係者も自分の地域に紐付けて、自分事化して説明するにはどうすればいいか頭を悩ませます。そこで本書では、関係者が自分事化できるように、関係者各々の役割と連携・協働の在り方に焦点を当てていきます。

「第1章　ＳＤＧｓの基本を知ろう！」、「第2章　まちづくりとＳＤＧｓの関わりは？」では、ＳＤＧｓを自分事として捉えていただきます。

続いて、「第3章　ＳＤＧｓで地域を元気に！」では、ＳＤＧｓで地域を活性化するポイントを学び、「第4章　ＳＤＧｓの未来」では第1巻の総括と第2巻への導入を込めて、これからのＳＤＧｓを展望します。Ｑ＆Ａ形式ですので、どこから読んでもＳＤＧｓを学べます。

（注）本書では、自治体が実践するＳＤＧｓを、主体に着目して「自治体ＳＤＧｓ」といいます。また、地方創生という課題に対処するＳＤＧｓを「地方創生ＳＤＧｓ」といいます。

Sustainable
Development
Goals

第1章

SDGsの基本を知ろう！

「『SDGs』という言葉は聞いたことがあるけれど、いまだに内容がよくわからない」という方はいますか。

この章で、自治体SDGsに必要な基礎知識を身につけましょう。

Q1 そもそもSDGsとは？

世界の共通言語SDGs

ＳＤＧｓとは何か。ひとことでいえば「持続可能性についての世界的な共通言語」です。変化の激しい国際情勢の中で社会・環境課題に対処しつつ、自治体や企業の中長期的な成長戦略を描く上で国際的な共通言語があると心強いです。それがＳＤＧｓです。

ＳＤＧｓは、「Sustainable Development Goals」（サステナブル・ディヴェロップメント・ゴールズ）の頭文字の略語で「持続可能な開発目標」と訳されます（なお、小文字のｓは複数形のｓです）。

ＳＤＧｓは、国連加盟国193か国全ての合意により2015年9月に策定され、「我々の世界を変革する：持続可能な開発のための2020アジェンダ」という合意文書に盛り込まれました。ＳＤＧｓは、2030年を目標年にした持続可能な社会づくりに関するこれまでのルールの集大成といえるものです。

ＳＤＧｓは、「誰ひとり取り残さない」という理念の下で、先進国も途上国も、政府も企業も全てで取り組むものであり、自治体や企業の規模にかかわりません。特色は自主的に取り組むという点です。ＳＤＧｓのポイントは、主体的な取り組みにより世界や社会に貢献しつつ、地域の発展や企業の発展につなげることです。

具体的には、人・社会・地球などの望ましい未来像を目指すための、貧困撲滅、健康、環境、技術革新、協働などの17の目標と１６９の具体的活動（ターゲット）によって構成されています。17の目標はわかりやすいピクトグラム（絵文字）で表現されています。

ESGとは何か

一方、最近はＳＤＧｓに関連して、ＥＳＧ（イー・エス・ジー）という言葉もよく見ると思います。ＥＳＧは環境（Environment）、社会（Social）、

出典：図版は国連広報センター

SDGs17の目標を表す図

企業統治（Governance）の３要素を示す言葉です。投資家が良い企業を選定する際に使います。

ＥＳＧへの配慮要請は世界的に高まっています。

ＥＳＧ投資家は、Ｅ、Ｓ、Ｇの各要素の判断に当たり、企業のＳＤＧｓへの貢献度をひとつの指標として使い、ＥＳＧとＳＤＧｓとは「表裏の関係」になったのです。

これは、ＳＤＧｓへの対応が株価水準に直結するようになったことを意味します。これまでのＣＳＲなどと違ってＳＤＧｓが「経営マター」になった最大の理由です。

最近では、ＥＳＧは投資家だけではなく全ての関係者も重視するようになっています。

17の目標はカバー範囲が広い

また、17の目標はカバー範囲がきわめて広いです。

経済面では貧困の撲滅や経済成長、社会面では働き方改革や地域社会の在り方、環境面ではリサイクル社会の形成や地球環境問題、生物多様性などをカバーします。したがって自治体の場合には行政全般をカバーすると見てよいでしょう。

企業の場合には企業統治や環境課題への対応のみならず、働き方改革、優秀な人材の確保、採用、消費者対応、マーケティング、ブランディング、地域社会との関係などに関連する、幅広いテーマをＳＤＧｓはカバーしています。

企業活動ではグローバルビジネスやグローバル化するサプライチェーンにＳＤＧｓは必須です。ＳＤＧｓは、投資家のみならず、大手の取引相手（プラットフォーマー、基幹製品製造業、大規模プロジェクト等）から対応が求められるほか、官公需、関心の高いミレニアル世代の消費者への対応など、全ての関係者からの要請でもあります。したがって非上場企業も中小企業も例外ではありません。

さらに、ＳＤＧｓは世界での共通言語なので、姉妹都市や世界との交流が盛んに行われている現在、どの国との対話にも使える使い勝手のよいものです。現在の行政は自治体の住民のみならずインバウンドなど外国人の関係も重要なテーマですので、これらの全てをカバーするＳＤＧｓは使い勝手がよいのです。

東京五輪などの国際的なイベントでも共通言語として役立ちます。

この結果、ＳＤＧｓへの対応は全部署に関連し、自治体の首長も重大な関心を寄せるテーマになったのです。

Q2 SDGsの17の目標とは？

17の目標と169のターゲット

SDGsの特色は、地球上の誰ひとり取り残さないとの誓いのもとで、途上国、先進国を問わず取り組み、政府等のみならず自治体、企業の役割も重視しています。ユニバーサル（普遍的）なもので、持続可能な社会づくりのための「共通言語」ないし「共通のものさし」です。

SDGsは、深刻化する現下の地球規模課題の分析を踏まえ、持続可能な世界を実現するための目標が示され、わかりやすいピクトグラム（絵文字）や17色の円環のバッジで表現されています。SDGsは17の目標と169のターゲットから構成されています。

SDGsの理解に当たっては、17の目標だけを見ているとイメージが湧きにくいので17の目標それぞれに紐付いている169のターゲットまで見る必要があります。しかし、169のターゲットは、数も多く複雑なのでかえってわかりにくくなります。

5つのPでSDGsの構造を理解

そこで、本章では、自治体と関係がありそうな内容をターゲットも含めて簡潔に整理してみます。自治体に関連付けてみると相当いろいろなことが関係することがおわかりになると思います。

また、このように見てくると、17個はいかにも多いので頭に入りにくいのです。

そこで17の目標の構造を分析してみますと、これは５つのＰでできているのです。国連で２０１３～２０１５年と３年にわたり議論したところ、地球は５つのＰが危機だという結論に至りました。ここでは５つのＰに即して、自治体にどう関係するかを表で整理しました。

ＰＥＯＰＬＥ（人間）

１つ目はＰＥＯＰＬＥです。人間が危機に瀕している。途上国でも先進国でも人間に元気がない、ということです。その解決には、所得があって、食べることができて、健康でなければならない。そのことをみんなで学び、男性も女性も理解しなければならない。これに加え世界を見ると水とトイレが必須であるということで、以上が人間生存の６要素とされました。

ここには、ＳＤＧｓの前身のミレニアム開発目標（ＭＤＧｓ）時代にもあった項目が含まれます。

用語解説

MDGsとは?

国連では、2000年9月に開催された国連ミレニアムサミットでミレニアム宣言が採択された。その中で採択された2015年を目標とする開発目標がMDGsである。国連ミレニアム宣言と、1990年代に開催された主要な国際会議で採択された国際開発目標を統合し、ひとつの共通の枠組みとしてまとめられた。MDGsは国家、市民、法人が協力して取り組むべき8つの目標、21のターゲット、60の指標から構成されている。途上国の開発支援を主眼とした。

17の目標の中の「PEOPLE」の関連項目

目　標	主なターゲットと行政の関連
1.貧困をなくそう	途上国での貧困撲滅、先進国での相対的貧困の解消、社会保護制度・対策の充実なども含まれる。
2.飢餓をゼロに	途上国での飢餓撲滅のほか、食料の安定確保、栄養状態の改善や農産物の産地育成などの事業による持続可能な農業も含まれる。
3.すべての人に健康と福祉を	健康、福祉を増進するための病気の予防のほか、自殺者の減少や道路交通事故死傷者の減少も含まれる。
4.質の高い教育をみんなに	乳幼児ケアから、アクティブ・ラーニングなどの質の高い学校教育、職業訓練・研修などのほか、持続可能性を理解するための教育が重視されている。
5.ジェンダー平等を実現しよう	すべての女性と女児の能力強化や女性の参画及び平等なリーダーシップを図る。
6.安全な水とトイレを世界中に	飲料水や、下水施設・衛生施設、水に関連する生態系のほか、途上国では衛生面からトイレの設備の向上が課題。

PROSPERITY（繁栄）

次に、議論の結果、途上国を主眼としていたMDGsとは違い、地球規模の課題には途上国のみならず先進国も対応すべきであるとなったSDGsでは、PROSPERITY（繁栄）が重要です。

繁栄を続けるには、まずエネルギーを安定させなければいけません。例えば日本であれば停電（ブラックアウト）のようなことはなくす。途上国であれば無電化地帯をなくす（世界では無電化地帯がまだ多いのです）。8番は経済成長と働き方改革を含みます。そして9番の技術と産業基盤では企業の創造性とイノベーションが期待されています。10番で不平等をなくして、地方創生と関係の深い目標11「住み続けられるまちづくり」につながっていきます。

17の目標の中の「PROSPERITY」の関連項目

目　標	主なターゲットと行政の関連
7.エネルギーをみんなに そしてクリーンに	風力発電、太陽光発電などの再生可能エネルギー、クリーンエネルギーなどが重要な課題。
8.働きがいも経済成長も	経済成長、雇用及びディーセント・ワーク（働きがいのある人間らしい仕事）を推進する。働き方改革もこの項目。
9.産業と技術革新の基盤をつくろう	資源利用効率向上、クリーン技術、環境技術などの技術革新、インフラ改良、研究開発、科学研究、技術能力向上など幅広い課題が含まれる。
10.人や国の不平等をなくそう	国内及び国家間の格差を是正する。すべての人々の能力強化、機会均等、平等の拡大。
11.住み続けられるまちづくりを	都市、住宅、基本的サービス、輸送システム、文化遺産・自然遺産、災害復興、緑地や公共スペースの整備など。

PLANET（地球）

3番目のPLANETは、地球環境課題です。循環型社会（12番）の構築には、廃プラスチック問題、食品ロスなども含みます。それから気候変動（13番）と海（14番）と陸（15番）が該当します。

PEACE（平和）

4番目のPEACEは、平和だけでなく公正性が重要です。ここにはコンプライアンスやルール順守が入ります。

PARTNERSHIP（連携）

そして5番目がPARTNERSHIPです。上記の難しい目標に立ち向かうためにグ

17の目標の中の「PLANET」の関連項目

目標	主なターゲットと行政の関連
12.つくる責任つかう責任	持続可能な消費と生産、消費者による商品選択、リサイクル、持続可能なライフスタイルへの意識改革。最近、食品ロス、廃プラなどが話題。
13.気候変動に具体的な対策を	気候変動を緩和する対策、適応していくための対策や、関連する教育、啓発も含まれる。
14.海の豊かさを守ろう	海洋と海洋資源を持続可能な形で利用すること、海洋汚染防止、適正な漁獲規制。「海のエコラベル」も含まれる。
15.陸の豊かさも守ろう	陸上生態系の保護、森林の管理、砂漠化への対処、土地劣化の防止などや生物多様性の保全。

17の目標の中の「PEACE」の関連項目

目標	主なターゲットと行政の関連
16.平和と公正をすべての人に	平和の確保のほか、汚職や贈賄の防止、法令やルールを守る公正性の確保。コンプライアンスや情報セキュリティも含む。

17の目標の中の「PARTNERSHIP」の関連項目

目　標	主なターゲットと行政の関連
17.パートナーシップで目標を達成しよう	持続可能性に向けて、様々な関係者での連携・協働、官民や市民社会のパートナーシップを奨励・推進する。

ローバルはもちろん、様々な関係者の連携・協働が必要です。

以上を見ると、17の目標のうち1から6がPEOPLE、その次に5つ、そして4つと、よくできた構造であることがわかります。国連広報センターが用意している5つのPの図版があります。それに17の目標を当てはめてみると図のようになります。

このように2030アジェンダはよくできていて、193か国の合意のある国連文書です。今後ずっと踏襲されていく重要な文書になることでしょう。

出典：国際連合広報局の図版を元に筆者作成

SDGsのもうひとつの捉え方―5つのP

Q3 SDGsの5原則とは？

SDGsの特色

17の目標を見るとわかるように、どれも網羅的で複雑な課題であり、その解決には、関係者（ステークホルダー）との連携が必須です。

用語解説 **ステークホルダーとは？**

ステークホルダーは、この分野でよく出てくる用語。「ステークホルダー（stakeholder）」とは、企業を取り巻く投資家、従業員、取引先、金融機関、消費者、自治体、メディアなどの関係者のことを指す。ちなみに、stakeには、①賭け金、②利害関係、③株、投資などの意味があり、stakeholderは直訳すれば「利害関係者」となる。しかし、利害という言葉はニュアンスがきつく、訳としては「関係者」で十分だと思われる。

2030アジェンダを読むと、SDGsには次の5つの原則があります。

①普遍性（ユニバーサルティ）：先進国・途上国共通の目標。

②包摂性：「誰ひとり取り残さない」(no one left behind) という表現にもつながるSDGsの基本的考え。

③参画型：あらゆる関係者の参画を重視し、全員参加型で取り組む。

④統合性：SDGsの目標とターゲットは統合され不可分のものであり、経済・社会・環境の3分野での統合的解決が必要。環境や社会に良いことも経済性がついてこないと継続性がないということで「経済」が重視されている。

⑤透明性と説明責任：優良事例の横展開のためにも、透明性と説明責任が重要。

また、③の参画型では、SDGsの策定過程でも重要な役割を果たした次のような幅広い関係者との協働・連携が重要です。

NPO・NGO　国際的・地域的ネットワークを活かした活動。

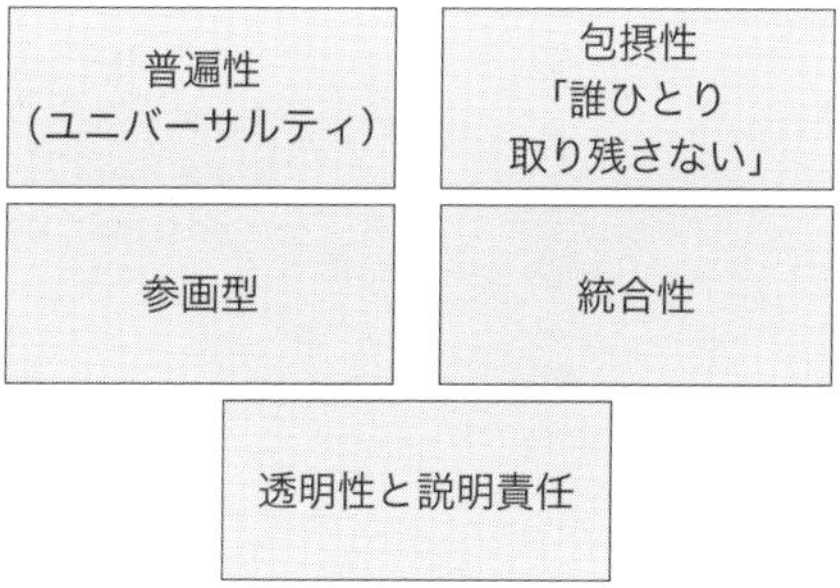

※筆者作成

SDGsの特色

民間企業　ＳＤＧｓに、社会貢献活動の一環としてのみならず、本業を通じて社会的課題の解決にイノベーションを生み出す。ビジネスと人権の観点に基づく取り組みやＥＳＧ投資に配慮し、これを重視しつつある投資家の評価にこたえる。

消費者　持続可能な生産と消費を共に推進。

地方自治体　ＳＤＧｓを全国的に実施するためには、広く全国の地方自治体及び地域関係者による積極的な取り組みを推進することが不可欠。

科学者コミュニティ　科学技術イノベーションは、多様な分野において課題の達成に不可欠な横断的要素。

労働組合　労働組合は、労働慣行・人権やディーセント・ワークの実現や持続可能な経済社会の構築に重要な貢献。

Q4 SDGsの「三層構造」とは？

SDGsの17の目標、169のターゲットに取り組むに当たり、その進捗状況や成果を測る232の指標が設定されています。このように、SDGsは目標・ターゲット・指標の「三重構造」で、できています。

この指標は、進捗状況や成果を測るためのグローバル指標です。指標は延べ244あり、重複を除くと232になります。この指標により、抽象度が高い目標やターゲットについて具体的な目標値や達成度を数値化できるので、目標への進捗状況を測ることができます。

232のグローバル指標は、世界的な視点で設定されているので、指標によっては使いにくいものがありますので、国ごとに加工して（これを「ローカライズ」といいます）、ローカル指標がつくられています。

地方創生SDGsでは、国レベルのものでは不十分な場合には、さらに地域版の指標も必要になります。

Q5 SDGsのウェディングケーキモデルとは？

SDGsをめぐる世界の動き

さて、このSDGsをどのように理解すればいいのでしょうか。

これは、2015年に突然「天から降ってきたもの」ではありません。2013年から3年もかけて国連で議論され議論の過程も発信されていました。したがって、世界では、注意深く見ている関係者は、2015年には「ようやくまとまった」とか、または、「意外に早くまとまった」との感触を持ちました。

むしろ、その後の世界の動きを見ると、2015年9月に国連加盟193か国全部の合意の下でまとまったのは「奇跡的」といえるかもしれません。193か国全部の合意を得るのはきわめて難しいからです。

今、世界中が苦労している、新型コロナウイルスのパンデミックへの対処も、このSDGsができているので、世界の共通的な課題認識のベースになり得るのです。

世界では、ＳＤＧｓができた２０１５年9月以降、直ちにその活用が始まりました。例えば、ＳＤＧｓでは常に上位のランキングに入る、北欧の国スウェーデンのレジリエンスセンターでは、２０１６年に、図のようなウェディングケーキモデルを示しました。

ＳＤＧｓというのは、基盤のところに地球環境に関連する目標があり、その上に社会的な目標、さらに経済的な目標が載って、全体を貫く軸として、目標17のパートナーシップがある、という整理です（レジリエンスセンターHP参照）。ちなみにスウェーデンといえば、気候変動の

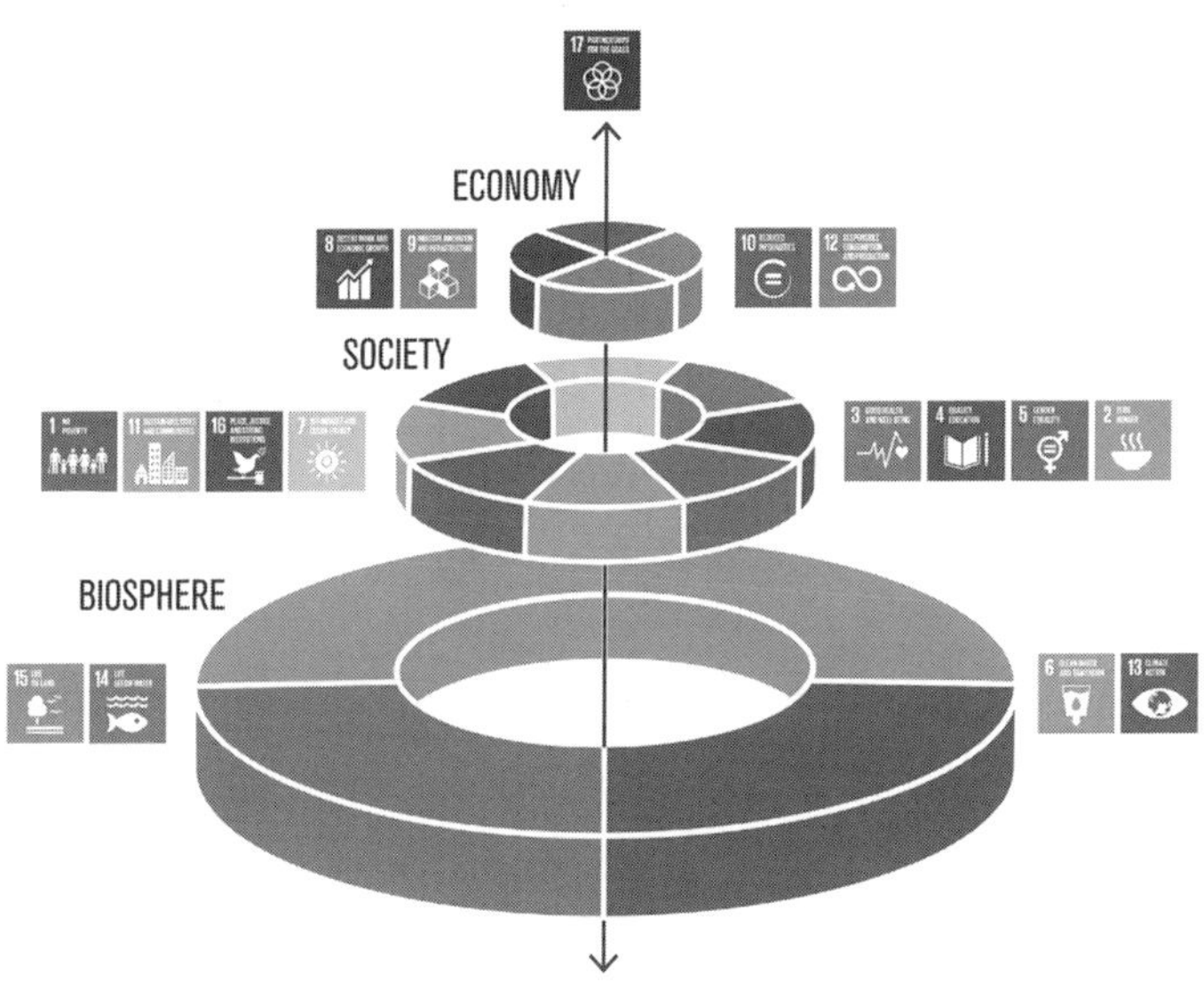

※ストックホルム・レジリエンスセンター作成
出 典：https://www.stockholmresilience.org/research/research-news/2016-06-14-how-food-connects-all-the-sdgs.html

SDGsのウェディングケーキモデル

発信で有名になった、グレタ・トゥーンベリさんという、若手が活躍する国です。

このように世界ではＳＤＧｓができてすぐに、それをどう理解し使うかという段階に入っていました。

日本では、２０２０年の現在でも、まだＳＤＧｓの「解読作業」中です。このように世界は世界標準としてできたルールを、「自分事化」して理解するのが早いと思います。

「SDGsメガネ」でSDGsのイメージを持つ

おそらく日本ではこのような外来語ができたときに、真面目に英語の解読から入るから難しいのでしょう。その根本構造を掴み、理解が深まるような事例も必要だと思います。

実はＳＤＧｓを理解しようとすれば、我々の身近に多くのヒントがあります。ＳＤＧｓが目標とする「持続可能な社会づくり」とは何か、イメージを持っていただくために身近なまちづくりの話をしましょう。

２０１９年のＮＨＫの朝の連続テレビ小説「スカーレット」で話題になった、滋賀県の信楽《しがらき》に行ってみました。朝ドラのような視聴率の高い番組を「ＳＤＧｓメガネ」で見ると、興味深いです。陶芸の町、信楽はＳＤＧｓの話題が満載でした。

地元の信楽高原鐵道は地元密着型の鉄道会社であり、車両全面に主演の女性陶芸家を演じた戸田恵梨香さんの写真をあしらったラッピングカーを走らせていました。

信楽駅に着くと、早速、信楽焼の名物であるたぬきの陶芸が出迎えています。信楽観光協会のマスコットキャラクターは、「ぽんぽこちゃん」という狸です。信楽焼の狸は網笠をかぶり、右手に徳利、左手に通帳をもって立っているのがよくある姿です。観光協会のサイトでは、信楽の狸には「八相縁起」があると紹介されています。

この「八」にちなんで、信楽では11月8日が、「いい八」とのゴロで、「信楽たぬきの日」にしています。駅に置いてあった「信楽たぬきの日」のパンフレット一枚から今の信楽のまちおこしの関係者がわかります。

主催者は「信楽たぬきの日実行委員会」「信楽観光協会」で、後援名義に関係者の広がりがうかがえます。地方創生では従来の「産官学」にメディア（言）の重要性も強調されています。これに新宮神社が協力し、信楽たぬきの日PR大使も選ばれています。

かなり広範に関係者を巻き込んだまちづくりが進んでいることがわかるでしょう。

ＳＤＧｓで言えば、女性活躍の目標5、文化教育の目標4、

※筆者撮影

信楽駅にて

陶芸技術の目標9、まちづくりの目標11、そして目標17の「パートナーシップ」が関連するでしょう。

拙著「Q&A　SDGs経営」でも、このような「パートナーシップ」の事例として、令和のゆかりの大宰府の坂本神社とSDGsやSDGsの地方創生ビジネスへの応用（企業と大学と石川県白山市）などを紹介し分析しています。

このように、まずはSDGsの17の目標を当てはめてみると理解が進みます。今日からメガネを変えてください。「SDGsメガネ」にすると、あそこに何番がある、ここに何番があるかが見えます。次に「SDGs頭」になっていきます。これとこれを組み合わせたら良いことになるのではないか。頭がそこまで行ったら次には「SDGsアクション」につなげてください。

ぜひ自身の身近なところから関係者との間でSDGsを共通言語として使って、自分の自治体や自社の活性化と課題の抽出にも活用していただければと思います。

Q6 SDGsのローカライズとは？

自治体の政策とSDGs

SDGsを自治体における政策に当てはめてみましょう。日本の政策や日本での自治体での政策は、大変緻密で幅広いものです。

SDGsの17の目標は世界193か国の合意でできた共通事項ですが、日本のような先進国では、これらの17の目標に当てはめればほぼ全てが当てはまります。

そこで自治体の関係者がSDGsを自身の自治体に当てはめ始めると、どれもこれも当てはまるように見える一方で、ターゲットまで行きますと、表現が日本の行政とは違ったり、捉え方が違ったりする部分もあり、世界とのギャップを感じることも多いはずです。むしろ、日本のような「課題先進国」では、少子高齢化や高齢化社会における健康政策など世界の共通言語だけでは不十分な課題が多く見られます。

そこで、SDGsの17の目標や169のターゲットは世界共通の課題として洗い出されたものですので、それぞれの国で実情に応じたカスタマイズが必要です。

自分の自治体に合った目標をたてる

ＳＤＧｓ未来都市や自治体ＳＤＧｓモデル事業に選定された事例を見ると、網羅的にＳＤＧｓを当てはめている自治体とＳＤＧｓの目標の中でも重点を決めている自治体に分かれています。また、自治体の中には、政令指定都市のような大きな自治体と中山間地域の自治体など、規模や特有の課題によっても大きく異なります。

要は、自分の自治体に合うＳＤＧｓの当てはめ方や活用方法をよく議論することです。

特に、ＳＤＧｓ的な取り組みをすでに相当程度展開している自治体も多いので、その場合は、いわば「後付け」でＳＤＧｓを当てはめるような対応になります。私はそれも必要であると思います。なぜかといえば、まずＳＤＧｓに当てはめてみれば、世界課題とのリンクが認識できます。その上で、ＳＤＧｓは、総合的かつ目標相互間の関連性（リンケージ）に配慮していますので、その他の課題との関連付けなどについてヒントが満載です。いずれにしてもＳＤＧｓは当てはめないことには何も始まりません。

Q7 国内の推進状況は？

政府のSDGs推進本部が本格稼動

スロースターターであった日本ですが、着手すると早いのも日本の特色です。まず政府のSDGs推進本部が本格的に動いています。

「SDGsアクションプラン2020」（2019年12月20日公表）には「～2030年の目標達成に向けた「行動の10年」の始まり～」との副題がついています。SDGs実施のための短中期工程表（国際社会への発信を含む）も提示され、2021年東京五輪、2025年大阪・関西万博といった「締め切り効果」もあり、SDGsの浸透が一気に加速化するでしょう。

筆者は、行政や企業での経験から2015年は実に「節目」の年であったと実感します。ESG全ての面で2015年に重要な動きがありました。Eではパリ協定、EとSとGでSDGs、Gではコーポレートガバナンス・コード（企業統治（コーポレートガバナンス）を実行するための指針を指す。2015年6月に上場企業に適用された）の適用です。この年は「ESG元年」

であると私は言ってきました。「持続可能性新時代」の幕開けであり、ここで潮目が大きく変わったのです。

いよいよ2020年はSDGs経営による「行動の10年」の初年度にすべきです。

産業界や関係者の動き

経団連はSDGsを踏まえた憲章改定を行い、Society5・0を目指したSDGsを推進します。ESG投資の動きが注目される金融界でも日本銀行協会や日本証券業協会がSDGs宣言をしています。

最近、日本の産業界の動きが加速してきました。産業界では関係者への波及力の大きいプラットフォームを形成する企業（自動車企業、大手流通、大手建設業など）がSDGs経営を進化させています。

例えば、トヨタ自動車が、最近、SDGsの徹底活用を明確に打ち出し推進組織も整備しました。この結果、関係部品企業も含めて幅広い関係者へのSDGsの波及が見込まれます（第3章Q2参照）。

また、延期された2021年の東京五輪ではSDGsを基準として調達、運営ルールが定められました。新型コロナであまり浮き彫りになっていませんが、SDGs経営企業である大成建設が設計・建設を主導した新国立競技場は、資材面・環境面・運営面全てで、いわば「ＳＤＧｓ仕様」であり、世界へのお披露目が待たれています。

このＳＤＧｓ仕様の調達、運営ルールは、ＳＤＧｓを掲げて日本への招致に成功した２０２５年の大阪・関西万国博覧会にも受け継がれていくと思われます。むしろ、万博自体がＳＤＧｓを活用して新型コロナウイルスのポストコロナの「ニュー・ノーマル」を体現する新たな価値観を示す企画になる可能性が高いでしょう。

このような中で、日本のＳＤＧｓの効果を世界に示していく絶好のチャンスに対処できるのです。

新型コロナウイルスのワクチン開発などで注目されている東京大学では経営体を目指し「統合報告書２０１９」を発表しています。その中で触れていますが、東京大学にはＳＤＧｓに貢献する様々な研究教育プロジェクトを推進する司令塔として、五神真総長直下に未来社会協創推進本部（ＦＳＩ）を設置し、具体的な活動を開始しています。

メディアでもＳＤＧｓがひっきりなしに取り上げられています。

Q8 2021年東京五輪、2025年大阪・関西万博との関係は?

2021年に延期になった2020東京五輪は、「SDGs五輪」といわれ、調達ルールが決定され、これが五輪のレガシー（遺産）として将来に受け継がれます。2025年の大阪・関西万博にも直結します。公共調達をはじめとして「いつの間にルールが変わったのか?」とならないように先読みすべきです。

SDGsは今や重要な国際機関決定での基本となっています。2018年11月のBIE（博覧会国際事務局）総会において、2025年国際博覧会の開催国が日本に決定しました。日本は万博の招致に当たりSDGsの実現を目標に挙げました。日本の創造性とイノベーション力で2021「五輪レガシー」づくりに続き、2025大阪・関西万博では「太陽の塔」の時代とは全く違う「SDGsレガシー」をつくりSDGsの目標年次2030年に突き抜けていくのです。

政府は2025年万博の経済効果を全国で約2兆円と試算していますが、一過的なイベントではなく持続可能なインパクトを目指し、万博でのレガシー創出を目指すべきです。万博で形成される公園やランドマークだけでも持続的に関係者の印象に残り観光や経済成長に役立つのです。

Q9 世界の進捗状況は?日本の順位は?

現状、SDGsの日本における進捗具合はどうなのか?この質問も多いです。世界的調査機関の最新の調査結果で国別のランキングを見ますと、1位がスウェーデン、2位がデンマーク、3位フィンランド、4位フランス、5位ドイツ、6位ノルウェーといったところになります。日本は17位、アメリカ31位、中国48位になっています(SDSNとベルテルスマン財団によるSustainable Development Report 2020)。

これを日本人の皆さんにご紹介しますと、やっぱり日本は駄目だなといったため息が出るんです。自信喪失状態です。ドイツ、フランス、イギリスには抜かれているが、人口1億人以上では日本が1位だ、というとほっとします。

実は、日本はSDGs目標のうち女性活躍、気候変動などで課題を残しますが他は非常に頑張っているのです。少子高齢化や地域の過疎化という課題先進国ですが、課題解決力も備えています。

また、日本には和の精神があるので、「目標17:パートナーシップ」も根付いており、SDGsを加速させるポテンシャルは高いといえます。

Q10 地方創生法とＳＤＧｓの関係は？

地方創生法にＳＤＧｓを絡める

地方創生の中にＳＤＧｓを入れ込む政策は、２０１７年6月9日にＳＤＧｓ推進本部会合において安倍内閣総理大臣（当時）の指示からスタートしました。

この総理指示を受けてまとめられたのが２０１７年11月29日「地方創生に向けた自治体ＳＤＧｓ推進のあり方コンセプト取りまとめ」という文書です（以下、「コンセプト取りまとめ」）。これは自治体ＳＤＧｓ推進のための有識者検討会の報告書です。

政策の継続性を維持しつつ新しい要素を盛り込んでいます。この「コンセプト取りまとめ」においても、それまでの環境未来都市などの地方創生の政策を振り返り、どこにＳＤＧｓを入れていくか検討されています。

また、「地方創生法」自体が地域の自主性を尊重し、自立を目指している法律です。ＳＤＧｓと極めて親和性の高い仕組みがすでにできていたわけです。ＳＤＧｓも自主的取り組みですので、これと連動させ得ると判断し、政策の中に入れ込まれたのです。

SDGsをいかに使うか

ＳＤＧｓはその後の数年間で順次各府省の政策に入り込み、２０２０年現在では主流化しています。例えば、ＳＤＧｓ推進本部の事務局を担う外務省をはじめ、金融庁はＥＳＧ投資との関連でガイドラインを取りまとめ、経済産業省はＳＤＧｓ経営ガイド、環境省は中小企業向けのＳＤＧｓガイドラインという形でそれぞれが指針的なものを作り始めました。

この中で、地方創生法と絡めて、予算措置も講じてＳＤＧｓ未来都市の自治体をすでに94も指定した、内閣府地方創生推進事務局の政策が先行しているとみてよいのではないでしょうか。私の見方では、ＳＤＧｓが経済・社会・環境の総合的な展開であること、地方という現場を持っていること、また、地方創生法という総合的な法律を持っていることから、コンセンサス形成がしやすかったのではないかと思います。

ＳＤＧｓでは各目標・各ターゲットの相互のリンケージが重要です。このため、縦割りの各省庁ではなかなか総合的にこれを進めるのは難しい面があるのでしょう。

Sustainable
Development
Goals

第2章

まちづくりとSDGsの関わりは？

自治体の仕事やまちづくりと、SDGsがどのように関わるのかを解説し、SDGsを自分事として捉えましょう。

Q1 17の目標は自治体の仕事とどう関わるの？

この章では、17の目標ごとに、ターゲットも見て、自治体の仕事との関連性を明らかにしていきましょう。

各目標の概要説明と、各目標の「ターゲット」をキーワードのみ抽出してわかりやすく整理しました。ターゲットは、各目標に10個程度あり合計169です。各ターゲットは、小数点で示されます。目標1では、1・1、1・2、1・3といった感じです。ターゲットの記述は本来それぞれ2、3行の詳しいものですが、全てを読みこなすのは、かなり複雑ですので、ここでは、自治体として、特に注意すべきキーワードのみ抽出しました。

また、各目標に関連する事例（2019年度のSDGs未来都市選考過程における審査員からのコメントも参考にした。）をご紹介しています。

※以下のSDGsの各目標での世界情勢は、主として国連広報センターのホームページを参考にしています。

　また、ターゲットの中でａ、ｂ、ｃと記載されているものは、目標達成のための手段を示すものです。

貧困をなくそう

貧困の撲滅は途上国の絶対的貧困の問題だけではなく、先進国における相対的貧困も重要な課題です。貧困は様々な要因が複雑に絡み合った問題です。まずは適切な所得を確保することが、社会・環境課題の解決にもつながります。そのため、包括的に取り組むことが重要です。

貧困についてSDGsはターゲット1・1で、1日1・25ドル未満の「極度の貧困」を終わらせるとしています。貧困の指標はいろいろ開発されており、世界銀行は「国際的貧困ライン」を定めています（現在はこれを

1. 貧困をなくそう

あらゆる場所のあらゆる形態の貧困を終わらせる

〈ターゲット〉

1.1　貧困
1.2　各国定義でのあらゆる次元の貧困
1.3　社会保護制度
1.4　基礎的サービスへのアクセス、所有権、相続財産、天然資源、適切な新技術、マイクロファイナンスを含む金融サービス
1.5　災害
1.a　開発協力
1.b　貧困層やジェンダー配慮の政策的枠組み

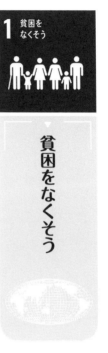

1・9ドル〈約200円〉に設定)。これによれば、世界の貧困率は低下しつつありますが、いまだに世界の人口の約10％の人々が極度の貧困状態にあるとされています（2015年現在）。

また、2010年には国連開発計画が健康、教育、生活水準の面における貧困の程度と発生頻度で計算する「多次元的貧困指数」を導入。これに基づくと、約13億人が貧困状態にあるとされています（2019年現在）。

一方、先進国でも相対的貧困の課題があり、日本では6人に1人が月に10万円以下で暮らす状態（2015年度厚生労働省・国民生活基礎調査）で、特に一人親家庭、とりわけ母子家庭への支援は重要な課題となっています。

◆自治体行政との関連

市民の所得の確保や経済財政政策全般が関係します。ここでは誰1人取り残さないという包摂性が重要です。身近な課題では、日本の相対的貧困問題とされている、貧困母子家庭の問題があります。子ども食堂の対応なども関係者との連携のもとで行われています。

2 飢餓をゼロに

飢餓をゼロに

世界から飢餓や栄養不良をなくすためには、持続可能な農業を促進し、農業生産性の改善が欠かせません。世界中で、飢餓とあらゆる栄養不良に終止符を打ち、持続可能な食料生産を達成することを目指しています。誰もが栄養のある食料を将来にわたって十分得られるようにするためには、環境と調和した持続可能な農業を推進し、生産者の所得を確保し、農業生産性を高めるための研究・投資を行う必要があります。

この目標において、飢餓の撲滅と並んで持続可能な農業が入っているのは、将来にわたって世界から飢餓を撲

2. 飢餓をゼロに

飢餓を終わらせ、食料安全保障及び栄養改善を実現し、持続可能な農業を促進する

〈ターゲット〉

2.1　飢餓
2.2　栄養不良
2.3　農業生産性及び所得
2.4　持続可能な食料生産システム、強靱（レジリエント）な農業
2.5　遺伝的多様性（2020年まで）
2.a　農村インフラ、農業研究、技術開発、ジーン・バンク
2.b　農産物輸出補助金
2.c　食料備蓄

減するためには持続可能な農業が不可欠であるとの考えです。

世界を見ると、過去20年間で世界の栄養不良の人の割合はほぼ半減しましたが、今でも日常的に空腹を抱えている人は約８億人いるといわれています。また、国連世界食料計画などによると５歳未満の子どものうち、およそ４人に１人が栄養不良状態にあり、年間約３１０万人もの５歳未満の子どもが栄養不足が原因で命を落としていると推計されています。

国連報告では、２０５０年までに世界の人口（約77億人、２０１９年現在）は97億人に達すると予測されており、さらに飢えに苦しむ人が増え続けることになります。飢餓の解決のためには、持続可能な農業の促進、食料流通網の整備、公正な貿易ルールなどが欠かせません。

◆自治体行政との関連

市民の栄養改善政策や持続可能な農業政策が主として関係します。

山形県鶴岡市では、日本唯一のユネスコ創造都市ネットワーク（食文化分野）の加盟認定に加え、３つの日本遺産、新産業を創出するサイエンスパークなど、地域資源を活用したＳＤＧｓ未来都市政策を展開しています。

3 すべての人に健康と福祉を

健康、医療、保健サービスは全ての国、全ての地域で人間生存にとっての必須要素です。COVID-19（新型コロナウイルス）のパンデミック（世界的流行）は、まさに世界的感染症の怖さを実感させています。感染症はターゲット3・3に明記されています。

それへの対処は、先進国・途上国共通の重大な課題で、医療機関のサービスレベルの保持が重要です。特に医療サービスの充実やワクチン・医薬品の開発（ターゲット3・8、3・b）は人間生存の基盤になります。また、世界の医療格差をなくす必要もあります。

3. すべての人に健康と福祉を

あらゆる年齢のすべての人々の健康的な生活を確保し、福祉を促進する

〈ターゲット〉

3.1　妊産婦死亡率　　3.2　新生児死亡率
3.3　伝染病・感染症　　3.4　非感染性疾患による若年死亡率
3.5　薬物・アルコール乱用
3.6　道路交通事故死傷者（2020年）
3.7　性・生殖に関する保健サービス
3.8　基礎的保健サービス、必須医薬品とワクチン、ユニバーサル・ヘルス・カバレッジ（UHC）
3.9　有害化学物質、大気、水質、土壌の汚染による死亡
3.a　たばこ
3.b　ワクチン及び医薬品の研究開発
3.c　開発途上国での保健財政・保健人材能力開発
3.d　世界規模での健康危険因子の早期警告

世界では、年間約530万人以上の5歳未満の子どもたちが命を落としています。また、途上国における妊産婦の死亡率は先進地域の14倍にも達しています。世界三大感染症といわれるマラリア、エイズ（HIV）、結核も途上国を中心に蔓延しており、毎年何百万人もの人々が命を落としています。

水や衛生環境を改善し、途上国の人々が病気の知識を得られるよう様々な教育支援を行うことも必要とされます。また、途上国ばかりでなく先進国にも様々な健康問題があります。さらに、交通事故死の減少もこの目標のターゲットのひとつです。

◆自治体行政との関連

市民の健康管理政策と関係します。まさに今回の新型コロナウイルス対策では、自治体の役割が大きくクローズアップされています。

福岡県大牟田市は、バランスのとれた健康対策を行い、テーマとして認知症といった分野へも対応しています。福島県郡山市では、モデル事業として健康に絞った企画を立て、医療、健康、福祉と他の分野との連携など、より広がりを追求しています。

質の高い教育をみんなに

持続可能な社会づくりには、課題を正確に理解できるようにする教育が重視されます。学校教育ばかりではなく、職場での職業訓練、生涯教育など、あらゆる学びの場が関連します。ターゲット4・7に記載されている「持続可能な開発のための教育（ＥＳＤ）」（Education for Sustainable Development：ＥＳＤとは、地球規模の課題を自らの問題として捉え、一人ひとりが自分にできることを考え、実践していくことを身につけ、課題解決につながる価値観や行動を生み出し、持続可能な社会を創造していくことを目指す学習や活動）や持続

4. 質の高い教育をみんなに

すべての人々への包摂的かつ公正な質の高い教育を提供し、生涯学習の機会を促進する

〈ターゲット〉

4.1　初等・中等教育
4.2　乳幼児ケア、就学前教育
4.3　技術教育・職業教育、高等教育
4.4　技能を備えた若者と成人
4.5　脆弱層への教育・職業訓練
4.6　読み書き能力・基本的計算能力
4.7　持続可能な開発のための教育等
4.a　教育施設、学習環境。
4.b　高等教育の奨学金の件数（2020年まで）
4.c　質の高い教員の数

可能なライフスタイルに貢献するための教育が重要であり、先進国でも教育レベルの低下や青少年の「生き抜く力」の低下が課題です。

世界を見ると、途上国では学校に通えず、教育を受けることができない6～14歳の子どもが1億2000万人以上いるといわれています。また、世界には文字の読み書きができない人たちが約7億5000万人もおり、そのうち約3分の2は女性です。途上国の教育課題の解決は自立につながります。そのためには、学べる環境を整える必要があります。

◆自治体行政との関連

学校教育のみならず、あらゆる世代のいわゆる、「生涯教育」「リカレント教育」の機会の提供も関係します。

静岡県掛川市では二宮尊徳の報徳思想なども参考に生涯学習都市宣言しています。

神奈川県小田原市では、小田原「市民大学」での人材育成により、「現場」を作り出す工夫を含めた事業提案がなされています。

ジェンダー平等を実現しよう

　ジェンダー・ギャップは、途上国・先進国全てに関係し、日本でも解決すべき重要課題となっています。男女間の不平等は、先進国でも雇用や給与、家事負担や政治参加などの格差が指摘されています。

　ちなみに、２０１９年に発表されたグローバル・ジェンダー・ギャップ指数（The Global Gender Gap Index：ＧＧＧＩ：世界経済フォーラムが、毎年発表している、世界男女格差指数。各国を対象に、政治・経済・教育・健康の４部門について、男女にどれだけの格差が存在しているかを分析してスコア化し、そのスコアを基に各国の男女平

5. ジェンダー平等を実現しよう

ジェンダー平等を達成し、すべての女性及び女児の能力強化を行う

〈ターゲット〉

5.1　女性・女児差別
5.2　女性・女児暴力
5.3　未成年者の結婚・女性器切除など有害な慣行
5.4　育児・介護や家事労働
5.5　女性参画・平等なリーダーシップ
5.6　性と生殖に関する健康
5.a　女性に対する経済的資源
5.b　女性の能力強化
5.c　ジェンダー平等

等の順位をつける。）では、日本は153か国中121位と主要先進国の中では最下位でした。近年は日本でも共働き夫婦が増えて保育園や幼稚園が不足する地域はまだ多くあり、第一子出産後に退職する女性の割合は3割を超えます。少子高齢化が進む現在、ジェンダー平等の推進は日本でも不可欠な課題です。

世界では、毎年約1200万人の女性が18歳未満で結婚しており、途上国では幼いうちに強制的に結婚させられる女性もいます。また、15～49歳までの女性の約18％が、過去12か月以内にパートナーの男性から身体的暴力や性的暴力を受けているといった深刻な問題もあります。

◆自治体行政との関連

自治体でのジェンダー平等やジェンダー差別の解消が重要な政策です。また家庭内暴力又はＤＶ対策も関連します。

福井県鯖江市で実施されている、女性をターゲットとしたモデル事業は魅力的で、女性のエンパワーメントを中核としたプログラムの実績は高く評価されています。

6 安全な水とトイレを世界中に

安全な水とトイレを世界中に

　安全な水の確保のためには、水道などのインフラ整備や生態系保全のほか、トイレの整備が課題です。

　水の確保は、人類の存続のためには必須の要素です。水に恵まれている国でも、その恵みを大事にする取り組みや災害を防ぐ治山治水が課題です。

　現在、森林伐採などによる地球の砂漠化や地球温暖化が進行しており、水不足や災害の原因のひとつとなっています。そのような地域では、治山治水や地下貯水などの施設やシステムの整備が急がれます。水に恵まれている日本では、水源管理や治山治水面での高い技術力に期

6. 安全な水とトイレを世界中に

すべての人々の水と衛生の利用可能性と持続可能な管理を確保する

〈ターゲット〉

6.1　飲料水
6.2　下水施設・衛生施設
6.3　水質改善
6.4　水利用
6.5　統合水資源管理
6.6　水に関連する生態系
6.a　水と衛生分野での国際協力
6.b　水と衛生に関わる地域コミュニティの参加

待が集まります。

世界全体を見ると、約22億人が安全な水を確保できていないとされます。また、約42億人が安全に管理されたトイレを使えず、それが原因で毎年200万人以上が下痢性の病気で命を落としています。そこで、SDGsでは「水」のみならず「トイレの整備」が特記されています。

◆自治体行政との関連

上水道、下水道をはじめとする水政策、治山治水など幅広く水に関連する政策が関係します。また、トイレの整備の関連では中山間地域での合併浄化槽の整備なども該当します。

愛知県豊橋市では、水に特化したSDGs計画を立てています。その中には、水道技術をインドネシアに移転するという活動も含まれています。

7 エネルギーをみんなに そしてクリーンに

エネルギーをみんなに そしてクリーンに

　エネルギーの確保は、どの国にとっても重要な繁栄の要素です。これまで世界の人々は石炭や石油などの化石燃料に頼ってきましたが、現在、それらを燃やすことで発生する二酸化炭素などを原因とする地球温暖化が進行しています。そこで二酸化炭素などの温室効果ガスの排出を抑えるクリーンエネルギー（再生可能エネルギー）への転換が求められています。

　クリーンエネルギーは、現状、従来の方法よりもコストがかかるものの技術水準は上がっており、またクリーンエネルギーに転換するための政策も展開されていま

7. エネルギーをみんなに そしてクリーンに

すべての人々の、安価かつ信頼できる持続可能な近代的エネルギーへのアクセスを確保する

〈ターゲット〉

7.1　現代的エネルギーサービス
7.2　再生可能エネルギー
7.3　エネルギー効率
7.a　クリーンエネルギーの研究及び技術の国際協力
7.b　持続可能なエネルギーサービス供給のためのインフラ拡大と技術向上

す。今後は、各国の状況に見合った安価でクリーンなエネルギーの開発が課題となります。

世界を見ると、約8億4000万人が電気を使えない生活をしており「無電化地帯」の解消が課題となっています。

◆自治体行政との関連

自治体による再生可能エネルギーの推進が関連します。

岡山県真庭市では、地域木材を活用したバイオマス発電に力を注いでいます。

奈良県生駒市の地域エネルギー事業では、市民力をネットワーク化することによるコミュニティの活性化などが期待されています。

働きがいも経済成長も

持続可能な経済成長と、そのための雇用創出や起業、働きがいのある人間らしい仕事（ディーセント・ワーク）がキーワードです。

２０１５年には英国で「現代奴隷法」というショッキングなタイトルの法律ができました。

日本でもブラック企業が社会問題化するなどディーセント・ワークの重要性は近年ますます高まり、働き方改革法制が整えられました。長時間労働の是正や女性・若者の活躍推進、テレワークの普及展開などの施策が官民一体で進められています。

8. 働きがいも経済成長も

包摂的かつ持続可能な経済成長及びすべての人々の完全かつ生産的な雇用と働きがいのある人間らしい雇用（ディーセント・ワーク）を推進する

〈ターゲット〉

8.1　経済成長率
8.2　経済生産性
8.3　雇用創出、起業、創造性及びイノベーションを支援する開発重視型の政策、中小零細企業
8.4　資源効率、持続可能な消費と生産に関する10年計画枠組み
8.5　雇用、働きがいのある人間らしい仕事、同一労働同一賃金
8.6　就労、就学及び職業訓練を行っていない若者の割合（2020年まで）
8.7　強制労働、児童労働、児童兵士（2025年まで）

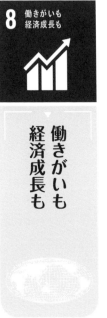

また、途上国では失業率の高さとともに児童労働が大きな問題となっています。世界では、５～17歳の子どもたちのうち10人に１人に当たる約１億５０００万人が働いており、中には奴隷のような状態で働く子どもたちもいます。

児童労働の撲滅は重要な課題であり、企業は、世界での原料調達などのサプライチェーン全体を見渡して児童労働がないか確認しないと、重大なリスクとなります。

◆自治体行政との関連

自治体による経済政策全般と労働関連法制の様々な政策と関係します。

新潟県見附市は、「ウォーカブルシティ」（歩く健康）のほか、バランスのとれた産業構造を目指した企業誘致を行っています。

8.8　移住労働者、安全・安心な労働環境
8.9　雇用創出、持続可能な観光業促進政策
8.10　保険及び金融サービスへのアクセス
8.a　開発途上国に対する貿易のための援助
8.b　若年雇用のための世界的戦略及び国際労働機関（ILO）の世界協定（2020年まで）

9 産業と技術革新の基盤をつくろう

産業と技術革新の基盤をつくろう

世界の繁栄のためには、産業を発展させ、災害などに強いインフラを開発、整備し、技術革新する必要があります。持続可能で強靭（レジリエント）な交通・物流網や情報通信技術を含めたインフラへの継続的な投資は、経済成長と開発には欠かせません。同時に科学的研究と技術革新への投資も重要です。

技術とイノベーションは、新たな雇用機会の提供やエネルギー効率の改善など、経済面と環境面と社会面の課題解決策を見出す上で、ＳＤＧｓの目標達成に向けた取り組みの基盤になるのです。企業の本業力によ

9. 産業と技術革新の基盤をつくろう

強靭（レジリエント）なインフラ構築、包摂的かつ持続可能な産業化の促進及びイノベーションの推進を図る

〈ターゲット〉

9.1　持続可能かつ強靭（レジリエント）なインフラ
9.2　包摂的・持続可能な産業化
9.3　特に開発途上国の小規模企業の金融サービス、バリューチェーン、市場へのアクセス
9.4　資源利用効率向上、クリーン技術、環境技術、インフラ改良
9.5　イノベーション、研究開発従事者数、科学研究、技術能力向上
9.a　開発途上国におけるインフラ開発
9.b　開発途上国における技術開発、研究及びイノベーション支援
9.c　後発開発途上国での情報通信技術へのアクセス（2020年まで）

る創造性とイノベーションに期待が集まります。

環境・社会と並んで経済性も重視するＳＤＧｓにおいて、この目標は重要です。産業化と技術革新がないと複雑な世界課題に対処できないからです。また、これまで先進国が培ってきたインフラや産業技術を、さらに磨いていく必要があります。一方、途上国に、水道や電気、交通網やインターネットなど、先進国では普及しているインフラが使えない人たちがたくさんいますので支援も必要です。

◆**自治体行政との関連**

この目標では産業化、技術革新、インフラ整備など幅広く関係します。最新の課題としては、新たな移動通信システムである5G（5Gとは「第5世代移動通信システム」のことで、日本では2020年3月から商用サービスが開始。「高速大容量」「高信頼・低遅延通信」「多数同時接続」といった特徴がある。）の実装の取り組みなども含まれます。

京都府舞鶴市では、「あらゆる資源がつながる」というコンセプトの下で、情報技術を中心としたＳｏｃｉｅｔｙ５・０を目指す新しい自治体運営を目指しています。

奈良県三郷町では、地域無線ＬＡＮを活かした地域ＢＷＡ（地域広帯域移動無線アクセス）が、民間企業との連携で動き出していることが評価されています。

10 人や国の不平等をなくそう

人や国の不平等をなくそう

現在、国家間の格差は減少傾向にありますが、各国内における格差拡大が問題となっています。世界で最も裕福な資産家である8人の総資産額は、世界人口の下位半数である約36億人の資産に匹敵するとされ、貧富の格差が問題となっています（2017年国際協力団体オックスファムの調査）。

さらなる国家間の格差是正のため、国境を越えて国や企業に課税し、分配するグローバル・タックスの導入も検討されています。各国の国内ではむしろ格差は拡大傾向にあり、日本でも生活保護費以下の

10. 人や国の不平等をなくそう

各国内及び各国間の不平等を是正する

〈ターゲット〉

10.1　各国の所得下位40%の所得成長率
10.2　全ての人々の能力強化
10.3　機会均等
10.4　平等の拡大
10.5　世界金融市場と金融機関に対する規制とモニタリング
10.6　金融政策での開発途上国の参加拡大
10.7　移民政策
10.a　世界貿易機関（WTO）協定に従い、開発途上国に対する特別かつ異なる待遇の原則
10.b　政府開発援助（ODA）
10.c　移住労働者による送金コスト

収入で暮らす子育て世帯の増加や、高齢者の貧困率の上昇など多くの課題があります。

また、経済的格差だけでなく、性別や年齢、障害の有無、国籍、人種、階級、宗教、難民、性的マイノリティなど様々な不平等や差別があり、それらが経済的格差を生む原因になっています。こうした不平等をなくすためには、その原因のひとつである偏見を見直し、私たち一人ひとりが多様性を認め合う必要があります。さらに、自社内のみならずサプライチェーン全体で均等待遇を配慮する必要があります。

◆自治体行政との関連

不平等の解消は、自治体行政の重要なテーマのひとつです。そのための差別の防止政策や恵まれない方々への支援の在り方など行政の役割が大きい目標です。

住み続けられるまちづくりを

持続可能なまちづくりのためには、都市化の問題をはじめ、多くの課題を解決していく必要があります。課題先進国の日本では、少子高齢化に歯止めをかけ、地域の人口減少と地域経済の縮小を克服し、将来にわたって成長力を確保することが必要です。行政、民間事業者、市民などの関係者間でＳＤＧｓを共通言語として活用します。世界を見ると、人口の半数以上が都市部に居住しており、さらに今世紀半ばまでに25億人増え、世界人口の68％に達する見込みです。都市部では、高所得の仕事や利便性が高い一方で、スラム化や

11. 住み続けられるまちづくりを

包摂的で安全かつ強靱（レジリエント）で持続可能な都市及び人間居住を実現する

〈ターゲット〉

11.1　住宅、基本的サービス
11.2　持続可能な輸送システム
11.3　包摂的・持続可能な都市化
11.4　文化遺産・自然遺産
11.5　災害
11.6　都市の環境上の悪影響
11.7　緑地や公共スペース
11.a　各国・地域規模の開発計画
11.b　仙台防災枠組2015–2030（2020年まで）
11.c　後発開発途上国における建造物整備支援

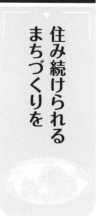

環境汚染など都市化の問題を解決するためには、効率的で参加型の都市計画や管理を実践していく必要があります。

◆自治体行政との関連

持続可能なまちづくりは、自治体行政と最も関連の深い目標です。また、この目標を軸にしてみると、他の16目標と密接に関連しています。コンパクトシティ政策なども関係し、自治体にとってのSDGsの重要な核であるという意味で自治体SDGsの「レバレッジ・ポイント」です。世界文化遺産や世界自然遺産の保全のターゲットも含まれています。

鹿児島県徳之島町では、経済・社会・環境の三側面統合のためのエコビレッジコミュニティの構想が特に注目され、コワーキングスペースとの連携も期待されています。震災からの復興モデルの岩手県陸前高田市では、「全ての人にやさしいまち」が計画の隅々まで意識されており、ノーマライゼーション（厚生労働省が提唱しているノーマライゼーションとは、「障害のある人が障害のない人と同等に生活し、ともにいきいきと活動できる社会を目指す」という理念）が評価されています。熊本県熊本市の、地震の経験と教訓をSDGsに取り込むテーマ設定には普遍性があります。

12 つくる責任 つかう責任

つくる責任 つかう責任

私たちが商品やサービスを生産、消費する方法を変えることで、環境への負荷を減らし、生活の質の向上をもたらします。資源が有限な中で、循環型社会の形成は喫緊の課題です。そのためには消費者が環境や社会にやさしいモノやサービスを選択する「つかう責任」と、同じ方向性での「つくる責任」が求められています。例えば、身近な課題として、食品ロス問題があります。現在、全世界で消費者向けに生産された食料のうちおよそ3分の1にあたる約13億トンが廃棄されています。日本で

12. つくる責任 つかう責任

持続可能な生産消費形態を確保する

〈ターゲット〉

12.1 持続可能な消費と生産に関する10年計画枠組み（10YFP）
12.2 天然資源
12.3 食品ロス
12.4 化学物質や廃棄物（2020年まで）
12.5 廃棄物の発生
12.6 特に大企業の持続可能な取り組み導入、持続可能性に関する定期報告
12.7 持続可能な公共調達
12.8 2030年までに、人々があらゆる場所において、持続可能な開発及び自然と調和したライフスタイルに関する情報と意識
12.a 開発途上国への科学的・技術的能力支援
12.b 雇用創出、地方の文化振興・産品販促につながる持続可能な観光業に対して持続可能な開発がもたらす影響を測定手法
12.c 化石燃料に対する非効率な補助金

は、２０１７年度の食品廃棄物が年間２５５０万トンで、そのうち６１２万トンが食品ロスとなっています（農林水産省資料）。「食品ロスの削減の推進に関する法律」（略称　食品ロス削減推進法）が２０１９年10月1日に施行されました。食品のほか、特に「廃プラスティック問題」が深刻です。人類が地球環境に与えている負荷の大きさを測る指標にエコロジカル・フットプリントがありますが、２０１８年にＧＦＮ（グローバル・フットプリント・ネットワーク）が発表したデータでは、世界の人類の生活を支えるには地球１・７個分の自然資源が必要とされています。

◆自治体行政との関連

循環型社会の形成は重要な政策のひとつです。また、事業者に対し「つくる責任」を徹底させ、消費者に対し「つかう責任」の実践を働き掛ける、といった役割が重要です。最近では、廃プラスチック対策や食品ロス対策が重要なテーマです。これらの政策では、一事業者や一個人では対応しにくいことも多いので、行政には仕組みを作り、関係者の連携構造を築き上げる役割が求められます。鹿児島県大崎町は、リサイクルの「大崎モデル」といわれ、リサイクルだけでない産業創成やくらしサービスの構築についても期待されています。

気候変動に具体的な対策を

気候変動を解決するためには、温室効果ガスの排出削減や低炭素社会へのシフトが重要です。地球温暖化は、二酸化炭素をはじめ、メタン、一酸化二窒素などの温室効果ガスの大気中濃度が増加することによって起こります。

2015年にパリ協定が採択され、21世紀後半には温室効果ガス排出量と森林などによる吸収量のバランスをとることが目標とされています。パリ協定では、産業革命以前と比べて世界の平均気温上昇を2℃未満に抑えることを目標としています。加えて、平均気温

13. 気候変動に具体的な対策を

気候変動及びその影響を軽減するための緊急対策を講じる

〈ターゲット〉

13.1　自然災害に対する強靭性（レジリエンス）
13.2　気候変動対策
13.3　気候変動の緩和、適応、教育、啓発、人的能力、制度機能
13.a　2020年までにUNFCCCの先進締約国によるコミットメント
13.b　後発開発途上国等における気候変動関連対策

上昇１・５℃未満を目指すことが盛り込まれました。全ての国が２０２０年以降の温室効果ガス削減目標の国連への提出を義務づけられ、各国は自主的に目標を定め、そして5年ごとに報告・レビューします。

温暖化は気温の変化だけでなく、ハリケーンや台風、集中豪雨、海面上昇などをもたらすほか、猛暑や干ばつなどの原因になります。

◆自治体行政との関連

気候変動対策は全ての関係者の理解と協力のもとで地球全体のことを考えて取り組む対策です。政府も政策を推進しますが、地方自治体も重要な政策の担い手です。

最近では多くの自治体が気候非常事態宣言をしています。

気候非常事態を宣言した自治体一覧

自治体名	宣言日	気候非常事態宣言
長崎県壱岐市	2019年9月25日	「気候非常事態宣言」を表明します！
神奈川県鎌倉市	2019年10月4日	気候非常事態宣言に関する決議について
長野県北安曇郡白馬村	2019年12月4日	白馬村気候非常事態宣言
長野県	2019年12月6日	気候非常事態宣言―2050 ゼロカーボンへの決意―
福岡県大木町	2019年12月12日	2019年12月12日 大木町は気候非常事態宣言を表明しました
長野県千曲市	2019年12月19日	「気候非常事態」に関する決議
鳥取県東伯郡北栄町	2019年12月20日	北栄町は気候非常事態宣言を表明します
大阪府堺市	2019年12月20日	気候非常事態宣言に関する決議
宮城県東松島市	2020年1月16日	東北SDGs未来都市サミット 気候非常事態宣言
福島県郡山市	2020年1月16日	東北SDGs未来都市サミット 気候非常事態宣言
岩手県陸前高田市	2020年1月16日	東北SDGs未来都市サミット 気候非常事態宣言
山形県飯豊町	2020年1月16日	東北SDGs未来都市サミット 気候非常事態宣言
秋田県仙北市	2020年1月16日	東北SDGs未来都市サミット 気候非常事態宣言
神奈川県鎌倉市	2020年2月7日	鎌倉市気候非常事態宣言

自治体名	宣言日	気候非常事態宣言
神奈川県	2020年2月7日	かながわ気候非常事態宣言 ～いのちを守る持続可能な神奈川の実現に向けて～
長野県池田町	2020年2月28日	池田町気候非常事態宣言
大阪府河南町	2020年3月10日	気候非常事態宣言
埼玉県 さいたま市	2020年3月13日	議員提出議案第5号　気候非常事態宣言の制定を求める決議
宮崎県諸塚村	2020年3月13日	気候非常事態宣言
栃木県那須町	2020年3月16日	気候非常事態宣言に関する決議
長野県木祖村	2020年3月16日	木祖村気候非常事態宣言
長野県小谷村	2020年3月16日	小谷村気候非常事態宣言
山形県飯豊町	2020年3月17日	飯豊町気候非常事態宣言
熊本県阿蘇郡 小国町	2020年3月20日	気候非常事態宣言
兵庫県明石市	2020年3月23日	気候非常事態宣言
大阪府大阪市	2020年3月26日	気候非常事態宣言に関する決議
大阪府 河内長野市	2020年4月20日	気候非常事態宣言に関する決議

出典：イーズ未来共創フォーラム・サイト（https://www.es-inc.jp/ced/）
※2020年4月30日現在

14 海の豊かさを守ろう

海の豊かさを守ろう

海を大切に管理し、汚染から守ることは、持続可能な未来への鍵を握っています。また、人間による水産物の乱獲が原因で、毎年漁獲量が減ってきています。日本の水産物の輸入金額はアメリカに次いで世界２位、消費量は世界３位です（ＦＡＯ・２０１６年）。海の豊かさを守ることは、世界有数の水産物の消費国である我々日本人にとって大きな課題といえます。

海洋汚染には、産業排水や生活排水の流入、船舶からの油の流出、廃棄物の投棄など様々な要因があ

14. 海の豊かさを守ろう

持続可能な開発のために海洋・海洋資源を保全し、持続可能な形で利用する

〈ターゲット〉

- 14.1　海洋汚染（2025年まで）
- 14.2　海洋・沿岸の生態系回復（2020年まで）
- 14.3　海洋酸性化
- 14.4　漁獲規制（2020年まで）
- 14.5　沿岸域・海域の10パーセント保全（2020年まで）
- 14.6　漁業補助金を禁止（2020年まで）
- 14.7　小島嶼開発途上国当の海洋資源の持続的な利用
- 14.a　科学的知識の増進、海洋技術の移転
- 14.b　小規模・沿岸零細漁業者に対する海洋資源・市場へのアクセス
- 14.c　「我々の求める未来」のパラ158

ります。なかでも近年、国際的な課題となっているのがプラスチックゴミです。現在、年間少なくとも800万トンの廃プラスチックが海に流入しているとの試算もあります（英国エレン・マッカーサー財団、2016年報告）。海洋生物を汚染し、やがては魚などを食べる私たち人間の健康を害するリスクもあるといわれています。

◆自治体行政との関連

海洋に面した自治体を中心に様々な海洋政策の関連があります。特に最近では海洋廃プラスチック問題への対処が重要な政策となっています。

千葉県いすみ市では、大原漁港沖合には日本最大級の岩礁群がある好漁場であり、イセエビの漁獲量は日本一で、そのブランド化や地元のいすみ鉄道と連動したイセエビ電車が注目されています。2019年10月には、地域資源の活用をテーマに、環境省主催のSDGsリーダー研修が行われました。

15 陸の豊かさも守ろう

陸の豊かさも守ろう

森林破壊や砂漠化、動植物の絶滅から陸の豊かさを守るためには、生物多様性や天然資源の保護が欠かせません。２０１９年、国連報告書は今後数十年でおよそ１００万種の生物が絶滅する恐れがあると警告しました（出典：世界森林資源評価（ＦＲＡ）２０１５―世界の森林はどのように変化しているか―（第２版）より）。また、地球上にいる生物の約25％が脆弱な状態にあるとも報告しました。現在、３万１０００種以上の生物が絶滅の危機にあります（ＩＵＣＮ公式サイトより）。

15. 陸の豊かさも守ろう

陸域生態系の保護、回復、持続可能な利用の推進、持続可能な森林の経営、砂漠化への対処、ならびに土地の劣化の阻止・回復及び生物多様性の損失を阻止する

〈ターゲット〉

15.1　陸域生態系と内陸淡水生態系（2020年まで）
15.2　森林（2020年まで）
15.3　砂漠化
15.4　山地生態系
15.5　絶滅危惧種（2020年まで）
15.6　遺伝資源

このまま生物多様性が失われていくと生態系が崩れ、農林水産業や人間の生活にも深刻な影響を与えます。それを防ぐため、森林伐採後には植林する、希少な野生動物の売買を禁止する、陸上の生態系を保全するなどの取り組みが行われています。

◆自治体行政との関連

日本では森林面積が多く、森林を有する自治体では重要な政策です。森林以外にも生物多様性の保全なども幅広く関係します。

宮崎県小林市では地域の資源を重要視しており、市役所の新庁舎は、地元の木材を活用して2017年に完成しました。

鳥取県日南町は、林業経営の構築をテーマとして、森林アカデミーの設立、人材育成の力を入れています。

岡山県西粟倉村では、森林信託、「百年の森林《もり》構想」、ローカルベンチャー等具体的な事業を展開し、SDGs未来都市モデル事業としてはほぼ完成形と評価されています。

15.7　違法な野生生物製品
15.8　外来種（2020年まで）
15.9　生態系と生物多様性（2020年まで）
15.a　生態系の保全・利用、資金
15.b　持続可能な森林経営のための資金
15.c　保護種の密猟

平和と公正をすべての人に

平和と公正性は社会の基本です。いまだに多くの平和への脅威があります。また、全ての人の権利を守る政治の仕組みや法令の整備が必要です。公正性なしには経済・社会・環境全てが成り立たず、市場も安定しません。平和で公正な社会を実現するためには、全世界が協力する必要があります。

身近な課題としては、コンプライアンスの徹底、情報セキュリティ、個人情報の保護、汚職の防止が重要です。

平和については、世界では約５億３５００万人

16. 平和と公正をすべての人に

持続可能な開発のための平和で包摂的な社会を促進し、すべての人々に司法へのアクセスを提供し、あらゆるレベルにおいて効果的で説明責任のある包摂的な制度を構築する

〈ターゲット〉

16.1　暴力　16.2　子供虐待
16.3　司法への平等なアクセス　16.4　組織犯罪
16.5　汚職や贈賄
16.6　透明性の高い公共機関
16.7　対応的、包摂的、参加型及び代表的な意思決定
16.8　グローバル・ガバナンス機関への開発途上国の参加
16.9　出生登録を含む法的な身分証明
16.10　情報への公共アクセス
16.a　テロリズム・犯罪の撲滅に関する国際協力
16.b　持続可能な開発のための非差別的な政策推進

もの15歳未満の子どもたちが、紛争や災害の影響下で暮らしています。これは世界の子ども人口の約４分の１に当たります。また、途上国には出生登録をされていないため身分が証明できず、適切な教育や医療を受けられない子どもたちが大勢います。さらに子どもたちに対する体罰も重要な課題です。

また、公正性の確保は大きなビジネスリスクにつながります。グローバル化する中で、各企業はサプライチェーン（供給網）全体で紛争や人権蹂躙に関与がないか調べる必要があります。例えば、アフリカのコンゴ民主共和国などの紛争地域で、環境面でも社会面でも深刻な課題を内包して生産されているレアメタルは「紛争鉱物」として規制がかけられています。

◆自治体行政との関連

自治体は平和と公正性の確保のための政策を推進しています。事業者や関係者にルールの遵守を指導します。

平和については、ＳＤＧｓ未来都市の広島県が国際平和拠点の取り組みを行っています。また、広島市は、毎年８月６日に平和宣言を世界に向けて発信しています。

17 パートナーシップで目標を達成しよう

パートナーシップで目標を達成しよう

グローバル化により、経済・社会・環境課題が相互に関連するようになりました。難しい課題を解決するには、国、自治体や企業などあらゆる関係者が連携していく必要があります。日本政府は「Public Private Action for Partnership」、つまり官民協働を呼びかけています。

ＳＤＧｓの達成には、地球上のあらゆる国や企業、団体、個人などが持続可能性を中心に据えた価値観を共有し、協力し合う必要があります。この目標17では、これまで説明してきた16個の目標を達成

17. パートナーシップで目標を達成しよう

持続可能な開発のための実施手段を強化し、グローバル・パートナーシップを活性化する

〈ターゲット〉

資金、キャパシティ・ビルディング、貿易体制面、政策・制度的整合性（略）

技術

17.6　科学技術イノベーション（STI）

マルチステークホルダー・パートナーシップ

17.16　持続可能な開発のためのグローバル・パートナーシップ

17.17　さまざまなパートナーシップの経験や資源戦略を基にした、効果的な公的、官民、市民社会のパートナーシップを奨励・推進

データ、モニタリング、説明責任

17.18　2020年までに、開発途上国に対する能力構築支援

17.19　持続可能な開発の進捗状況を測るGDP以外の尺度構築を支援

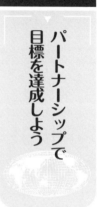

するための「実施手段の強化」と「グローバル・パートナーシップの活性化」も掲げています。

◆自治体行政との関連

自治体は様々な政策におけるプラットフォームづくりや関係者との連携調整の仕組みを作ることが重要です。地方創生では「産官学」に加え、金融、労働、メディアを加えた「産官学金労言」によるプラットフォームづくりを推進しています。

17目標の相互関係

以上の通り、ＳＤＧｓの17目標、１６９のターゲットは行政の隅々に関係します。

一方、既存の地方自治法や地方創生法だけでいいのではないかという議論もあり得ますが、ＳＤＧｓの持つ普遍性と世界共通言語としての特性から、ＳＤＧｓを政策推進とパートナーシップ強化のツールとして活用する価値があります。

Q2 まちづくりにおけるＳＤＧｓの重要性は？

地方創生法による政策

地方創生については２０１４年暮れにできた「地方創生法」がそれまでの地方創生を集大成して、法体系を整えました。地方創生は、「まち」「ひと」「しごと」の3点が相互に関連する複合課題であるとして、要点は次の通りです。

第1に、「しごとの創生」で、若い世代が地方で安心して働くためには、何といっても「相応の賃金」です。安定した雇用形態の他、女性の活躍も大切です。

第2の「ひとの創生」では、結婚から妊娠・出産・子育てまで、切れ目のない支援です。また、新しい「ひと」の流れとして地方への移住・定着促進も重要です。

第3の「まちの創生」では、「まち」の集約・活性化、情報通信技術（ＩＣＴ）を活用したイノベーションが重要です。地域の特性に応じて、中山間地域等では地域の絆の中で安全・安心な環境、地方都市では都市のコンパクト化、大都市圏では高齢化・単身化問題・災害への備えなどがあります。

忘れてはいけないのが、自治体間での広域的な機能連携です。例えば、旅行者はある県にのみ行くというよりは観光地をめぐる旅をするわけですから、都道府県の間で旅行者を奪い合うのではなく、広域的な観光ルートを開発すればよいのです。

地方創生へのSDGsの活用

政府は、SDGsの重点分野を、Society5・0、地方創生、次世代育成・女性活躍の3つにしています。2017年から地方創生にもSDGsも活用することになり、「地方創生に向けた自治体SDGs推進のあり方」コンセプト取りまとめ（2017年11月29日）がまとめられました（「自治体SDGs推進のための有識者検討会」から報告）。

この中で、地方創生SDGsについては次のように要点が提示されました。

- **SDGsは、先進国、途上国を問わず、世界全体の経済、社会及び環境の三側面における持続可能な開発を統合的取り組みとして推進するものである。**
- **17の目標や169のターゲットに示される多様な目標の追求は、日本の各地域における諸課題の解決に貢献し、地方創生の推進に役立つものである。**
- **「環境未来都市」構想では、早くから経済・社会・環境の三側面に着目した新たな価値創出に**

よるまちの活性化を目指してきた。この考え方は、SDGsの理念と軌を一にするもので、SDGsの取り組みの先行例といえる。

以上の通り、これまでの「環境未来都市」などの日本の政策はむしろ先駆的だったとの立場で、SDGsを地方創生政策に入れ込んでいくことになりました。

2018年度に「SDGs未来都市」制度ができ、2018年度29、2019年度31、2020年度34の合計94自治体が選定され、自治体SDGsが一気に加速しています。

これを推進するのは内閣府地方創生推進事務局です。次官級の事務局長も置いて、地方創生法の実装も進み、現在はSDGs未来都市が主要政策のひとつです。

私は、この政策は自治体でのSDGs実装に大いに役立つと考えています。感度のよいSDGs企業はこれらの自治体と連携を開始しています。

SDGsと日本社会

SDGsを推進する場合に関係者がよく直面する課題は、SDGsが目標としているような内容はもうすでに実施済みである、という認識です。

例えば企業の場合、SDGs的な持続可能な社会づくりに向けた社是や経営理念をすでに示してある、今更そのような新たな外来語の概念は不要ではないか、という質問に出会う担当者が多いです。これにはどう切り抜ければいいのでしょうか。

その場合は、では、その社是や経営理念は世界に通用する訴求力を持っているでしょうか、と聞いてみてください。それに自信を持って答えられる日本の経営者は少ないのではないでしょうか。そこがポイントです。

ＳＤＧｓは、世界共通言語です。ですから、グローバル時代に世界に打って出たり、世界との対応が必要な企業にとっては必須になります。サプライチェーンは、世界中とつながっています。

新型コロナウイルスで、「ニュー・ノーマル」の形成過程にあり、現在は、グローバルには人の移動などの自由が制限され国内生産に切り替えようという動きも業界によっては出てきていますが、すでに世界中にネットワークを張ったサプライチェーンを自国内だけで完結させるのはとても無理でしょう。

大企業のみならず中小・中堅企業もいずれかのサプライチェーンの中の一角を占めています。だからこそ共通言語での対応が必要になるのです。自治体においてもこのようなポイントを頭に置いておく必要があります。

Q3 導入するとまちはどう変わる？

SDGsのメリット

ＳＤＧsを導入するメリットは何でしょうか。前述のコンセプト取りまとめの中に次のようなメリットが明示されています。それを少し読み解いておきましょう。

① 共通言語による参画と進度管理の客観化

ＳＤＧsにおいては、17の目標、１６９のターゲット、２３２の指標を活用することにより、行政、民間事業者、市民等の異なる関係者間で地方創生に向けた共通言語を持つことが可能となり、政策目標の理解が進展します。

特に、今や企業が相当にＳＤＧs化していますのでＳＤＧs企業を呼び込むプラットフォームを作ることは極めて重要です。企業としても、ＳＤＧs自治体と自社のＳＤＧs経営をリンクしやすくなりました。これにより地方創生ビジネスへの企業の参入が促進されます。

ただし、そのためには、自治体の中で首長、幹部から職員まで、ＳＤＧｓを理解する必要があります。

②　中長期的な視点からの持続可能なまちづくりの実現

ＳＤＧｓは２０３０年という未来を見据えたものですので、中長期の視点からの持続可能なまちづくりにつながります。

特に、目標11（住み続けられるまちづくりを）は、①都市のコンパクト化、②稼げるまちづくり、③公共施設等の集約化・活用や空き家の活用などの政策課題で、ＳＤＧｓのターゲットや指標が役立ちます。

③　魅力あるまちづくりの推進と発信

自治体は様々な歴史的経緯や立地条件を有し個性があります。自身の持つ魅力に十分に気づいていない自治体も多いようです。そこで、ＳＤＧｓという世界共通の「ものさし」で客観的に自己を分析すれば、その魅力を再認識したり改善の方向を知ることが可能になります。これを「ローカルアイデンティティ」の発見と言っています。自治体におけるブランディングといってもいいでしょう。

この点は自治体に限らず、企業も同様です。ＳＤＧｓ経営では自社の無形資産も含めた強みの発見につながり、ＳＤＧｓで発信力が強まり、自社のブランディングにつながります。

ＳＤＧｓは、先進国にも途上国にも適用される普遍性のあるグローバルな目標です。この世界の共通言語であるＳＤＧｓを用いれば、先進的取り組み等を海外へも効果的かつスムーズに発信することができます。また、ＳＤＧｓ未来都市には海外発信の機会が多く用意されています。

④ 経済・社会・環境の統合による相乗効果の創出

ＳＤＧｓは、経済・社会・環境の三側面を不可分のものとして扱う「統合性」が重視されています。この原則は極めて重要です。地方創生においても経済価値の実現をしなければ地方の「稼ぐ力」は生まれません。環境や社会に良い取り組みでも経済的に回らないと継続性が生まれないからです。

⑤ 関係者との連携とパートナーシップの深化

地方創生には、市民、民間企業、ＮＰＯ等の広範で多様な関係者の参画を得ることが重要です。ＳＤＧｓでは、目標17で関係者の連携とパートナーシップの重要性が強くうたわれています。ＳＤＧｓは世界共通の言語であるため、国内外の関係者との連携やパートナーシップを進めやすいという利点もあります。

要するに、ＳＤＧｓは、いわば「ＳＤＧｓ仲間」を呼び寄せることができるのです。ＳＤＧｓ仲間の集まりは共通言語で会話ができるのでコンセンサス形成も早くイノベーションも起こりやすい。つまり、仲間作りに大変有力な手法がＳＤＧｓの活用なのです。

⑥ SDGs達成への取り組みを通じた、自律的好循環の創出

企業は今や、SDGsを自らの本業に取り込み、ビジネスを通じて社会的課題の解決に貢献することが主流になっています。これは、2010年にできた「社会的責任に関する手引き」（ISO26000）で明らかにされたとおり、企業は本業を通じた社会への貢献が求められているという認識が定着しつつあるからです。

用語解説　ISO、CSRとは？

CSR（Corporate Social Responsibility）は、通例「企業の社会的責任」と訳され、企業が社会との接点を構築していく活動である。これに対し、ISOは、国際標準化機構（International Organization for Standardization）の略で組織の名称である。ISOは「アイエスオー」「アイソ」などと略して発音される。これは、各国の様々な製品などの規格を定める標準化団体で構成される非政府組織のことである。本部はスイスのジュネーヴにある。1947年に設立され、国際規格（IS：International Standard）を策定している。

かつては社会貢献的、慈善活動的な社会課題への対応が求められましたが、現在は本業が主軸であるとの考え方が定着しています。したがって、このような企業の力も活用して地方創生を進

めていく必要があります。

コンセプト取りまとめの中では、このような活動を通じた多様なステークホルダーとの連携により、域内での循環型経済の進展も予想され、自律的好循環の社会・経済の構築に貢献することが期待されるとしています。

自律的好循環のベースは「ひと」ですから、「ひとづくり」はＳＤＧｓ推進における重要な要素です。「ひとづくり」によるパートナーシップが深化し、地域の人的資産の交流による貢献も期待できます。

この「自律的好循環」という概念はかなり難しいです。企業、自治体など多様な主体が連携してＳＤＧｓ達成に向けた事業活動を行い、そこから発生するキャッシュフローを地域に再投資する。これにより地域活性化の推進が可能になるという考えです。要すれば、地域で企業が事業を起こし利益を創出することにより、お金が地域で回るようにすれば地方が潤っていくというイメージでしょう。

Q4 導入しないデメリットは？

これは、ＳＤＧｓ導入のメリットの反対を考えればよいと思います。ＳＤＧｓ導入効果であるメリットが享受できないので、ＳＤＧｓを推進しなければ、次のような逆の結果になるでしょう。

① 共通言語による社会課題の明確化の効果が弱まり、伝わりにくい。
② 経済・社会・環境政策の統合による相乗効果が弱まる。
③ 内外の関係者との連携が進まない。
④ 自律的好循環のベースである「ひとづくり」の効果が期待できない。
⑤ 自分の自治体のローカルアイデンティティのための手法は別途探す必要がある。

私は、④が最も重要なネガティブ効果かもしれないと考えています。日本の自治体にとって、優秀な人材確保が重要課題のひとつです。ＳＤＧｓを導入しない自治体では、優秀な人材が流出する、優秀な人材が集まらないといった悪循環に陥るでしょう。ＳＤＧｓ自治体がどんどん優秀な人材を吸収していく構造が生まれつつあるからです。

Sustainable
Development
Goals

第3章

SDGsで地域を元気に！

SDGsの推進によっていかに地域を活性化していくか、そのポイントを学びましょう。

Q1 企業や関係者との連携のコツは？

産官学金労言

全ての関係者が協働で地域活性化に参画することがポイントです。地方創生という言葉や類似の表現は以前からありましたが、ＳＤＧｓのアプローチによって、ますます地域活性化が進んでいます。

本来、地域づくりは特定の組織に任せきりにするものではありません。企業や行政、学校や住民など、全ての人が課題意識を持たなければ成果は上がらないのです。そのような関係者をひとつにまとめ上げるために必要なのが、「誰ひとり取り残さない」というＳＤＧｓの理念です。これにより、環境・産業・教育・防災などで「産官学金労言」の協働による地域活性化が実現可能となるのです。

東京一極集中を是正し、地方の人口減少に歯止めをかけ、日本全体の活力を上げることを目的とした地方創生法によって一定の成果が上がりましたが、さらにこれを加速させるためには、「産官学」（産業・行政・教育）に加え、「金労言」（金融・労働・メディア）の連携が求められています。

ここで、自治体関係者が「多様な関係者の協働」を促す上での留意事項をまとめておくと次の点が重要です。

○各関係者の特徴を理解し、各関係者の強みを引き出す
○優先課題のすり合わせや役割分担を行う
○幅広い関係者との連携・協働の必要性への理解を深める
○関係者に関連情報を提供し、情報を入手しやすくする配慮をする
○利害対立する場合の調整方法を決める

いまや、企業は、慈善活動的な対応ではなく、本業を通じて活動する時代です。

しかし、残念ながら、自治体関係者の間では、企業が本業を通じて社会に向き合うということ

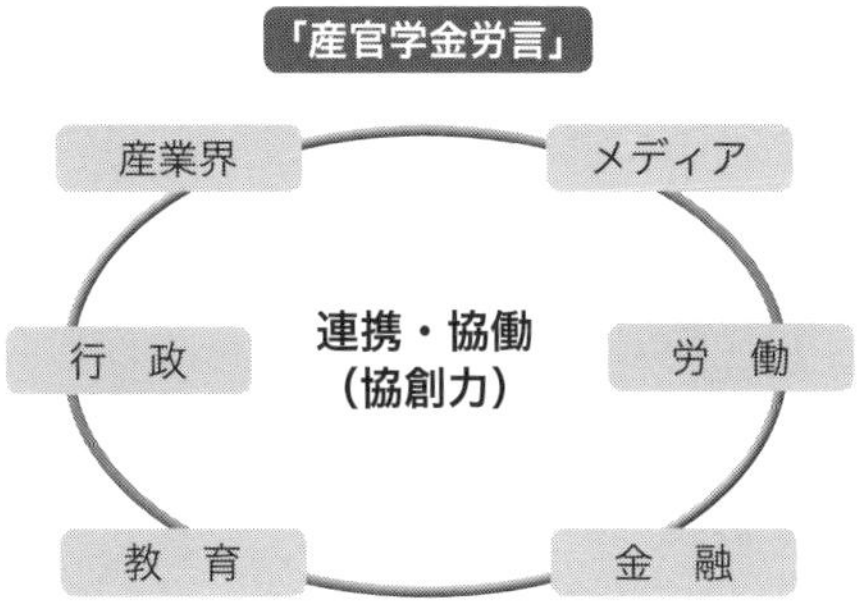

※筆者作成

プラットフォーム＝活動の共通基盤
→「協創力」の強化

への理解は進んでおらず、企業人と話すと何かと慈善活動や協賛金、寄付の話を持ち掛ける自治体関係者がまだまだ多いような気がします。アメリカのマイケル・ポーターの共通価値の創造（CSV）という考えも知られていないようです。

用語解説
CSVとは？

“Creating Shared Value”（CSV：共通価値の創造）とは、社会課題を解決しつつ経済価値の実現もねらう企業戦略で、米国ハーバードビジネススクールのマイケル・ポーターとマーク・クラマーが2011年に提唱した。

競争戦略の権威であるポーターらが提唱する「共通価値の創造」は、米国発の概念で、多国籍企業などの事例で説明され、わかりにくい面もありますが、身近な事例から、皆様が「自分事化」して応用していくことができます。

企業に対し寄付への期待もよいですが、それだけではなく、企業の「共通価値創造力」を引き出して活動に参加してもらう必要があります。自治体の目標と企業の関心との間で「三方良し」の形を構築する工夫があれば、その参加が得やすくなるのです。この場合は、「自治体良し・企業良し・世間良し」というウィン・ウィン関係をつくっていきます。また、企業人に理解しやすい情報伝達面での工夫も必要です。

自治体が多様な関係者を呼び込むプラットフォームをつくり、効果的に運営していくことが、地方創生に必ず役立ちます。

このように考えると、ＳＤＧｓの目標17「パートナーシップ」を強化できることがＳＤＧｓ活用の重要な要素だと思います。ＳＤＧｓを使って会話をすればパートナーシップが深まるのです。

Q2 地方に民間活力を呼び込むには？

自治体主導のパートナーシップ

ＳＤＧｓという共通言語を経営に生かす「ＳＤＧｓ経営」を行う企業は、企業価値の向上と社員モチベーション向上という効果が得られます。また、ＳＤＧｓ経営企業はいずれも関係者に効果的に発信している企業であり、ＳＤＧｓ自治体は今後ますます連携を深めていきやすいと思います。大競争時代に求められるのは活動の共通基盤です。自治体主導のパートナーシップの形成事例を少し見ておきましょう。

地方はアイデア勝負の時代に入り、成功事例がある一方、「消滅可能性」に歯止めがかけられない自治体も出るという、大競争時代に突入しています。このような中で、自治体では、民間企業も顔負けの創意工夫がみられます。

日本一の「眼鏡のまち」福井県鯖江市は２０１９年にＳＤＧｓ未来都市に選定されました。市では眼鏡枠製造で培ったチタンの加工技術を基に、ウェアラブル端末や医療器具分野に参入する企業が増える中、さらなる集積により世界を目指しています。

「今治タオル」は一時安価な輸入品に押されましたが、自治体、地元の企業組合が有名デザイナーを招きクールジャパンの成功ブランドに育てました。

熊本県「くまモン」は「テナント料無料戦略」で企業も巻き込み、関連商品売上高が２０１９年には、１５７９億円に上ります。

高知県では、銀座のアンテナショップ「まるごと高知」を拠点とした「外商」活動で地元企業を売り込み、直近の２０１８年度の成約金額は42・38億円（対前年度比19・７％増）と大きく伸長しました。

長野県は、「信州 山の日」制定で自然を活用する一方で、精密企業の集積を生かし「アジア№1航空宇宙産業クラスター形成特区」にも参加しています。

いずれも、企業の価値創造力を引き出しています。また、ソフト面やハード面での関係者連携を促すＳＤＧｓのための活動の共通基盤（プラットフォーム）をつくっています。

最新の企業ＳＤＧｓ事情

これからは自治体、企業、その他の関係者の間で「ＳＤＧｓ仲間」がどんどん生まれてくると思います。そこで、企業セクターの現場ではどのようにＳＤＧｓが活用されているのか、概況を地方創生ビジネスに関連付けて把握しておきましょう。

企業はかつての寄付的、慈善活動的なアプローチではなく、本業を生かしたＳＤＧｓ活動を本格化させています。

産業界では関係者への波及力の大きいプラットフォームを形成する企業（自動車企業、大手流通、大手建設業など）がＳＤＧｓ経営を進化させています。

例えば、**トヨタ自動車**が、最近、ＳＤＧｓの徹底活用を明確に打ち出し推進組織も整備しました。２０２０年6月に同社サイト内で、「モビリティカンパニーへの変革による提供価値の進化と、ＳＤＧｓへの貢献拡大」という方向性を示しました。ＳＤＧｓのターゲット・レベルでの当てはめを終えて、「限界に挑戦する姿は見る人に感動（ワクドキ）を与えます。より豊かな社会づくりに向けて、これからも大切にしていきたい価値のひとつです」と示し、いわば、ＳＤＧｓに新たな目標として「感動」を加えて、より深化したＳＤＧｓ活用に向けて発信しているのです。

この結果、関係部品企業も含めて幅広い関係者へのＳＤＧｓの波及が見込まれます。愛知県はＳＤＧｓ未来都市が多く、愛知県をはじめ、名古屋市（ＳＤＧｓ未来都市～世界に冠たる「ＮＡＧＯＹＡ」～の実現）、豊橋市（豊橋からＳＤＧｓで世界と未来につなぐ水と緑の地域づくり）、豊田市（みんながつながるミライにつながるスマートシティ）、岡崎市（〝みなも〟きらめく公民連携サステナブル城下町ＯＫＡＺＡＫＩ～乙川リバーフロントエリア～）があります。

また、延期された2021年の東京五輪ではSDGsを基準として調達、運営ルールが定められました。新型コロナの対応であまり浮き彫りになっていませんが、SDGs経営企業である**大成建設JV**が受注し、設計・建設を主導した新しい国立競技場は、資材面・環境面・運営面全てで、いわば「SDGs仕様」であり、世界へのお披露目が待たれています。

このSDGs仕様の調達、運営ルールはSDGsを掲げて日本への招致に成功した2025年の大阪・関西万国博覧会にも受け継がれていきます。むしろ、万博自体がSDGsを活用して新型コロナウイルスのポストコロナの「ニュー・ノーマル」を体現する新たな価値観を示す企画になる可能性が高いでしょう。

大成建設に招かれ、私は、SDGs特集「コンセッションが拓いていく地方創生の可能性と価値創造」というテーマで、専務執行役員都市開発本部長（取材当時）の金井克行氏と、空港コンセッションやまちづくりの業務を担っている都市開発本部社員4名と意見交換を行いました（https://www.taisei.co.jp/about_us/csr/library/pdf/2019/corp2019_main.pdf）。コンセッション方式は、公共施設やインフラで、その所有権は公共側に残したままで、長期間運営する権利のみを民間事業者に売却する民営化手法のことです。同社は効果的にSDGsに関連付けて推進中で、高松空港特定運営事業や愛媛県立中央病院のPFI事業を手掛けています。

また、東京西新宿をはじめ、地域活性化やエリアブランド力形成を手掛ける「まちづくり推進室」を2018年4月に設置し、現在、札幌、仙台、広島、福岡といったエリアの課題解決、価値向上に向けたSDGsの取り組みを推進しています。

エプソンのペーパーラボという主力商品はSDGsの塊のような製品です。ほとんど水を使わずに、再生紙を作る優れもので、自社内で紙を再生するので機密管理性も確保されます。ペーパーラボは2019年6月に軽井沢で実施されたG20エネルギー・環境大臣会合の会場で展示・使用されました。また、外務省作成の「日本初！ペーパー革命」というテーマのSDGs紹介ビデオで東京都大田区での使用事例が紹介されるなど、ますます発信性を強めています。

SDGsを経営の根幹に据えて、事業を通じた業績向上で経営効果を上げており同社の中長期計画やトップメッセージで主力商品ペーパーラボをSDGsと関連させて企業価値を向上させているSDGs経営の代表的事例になりました。

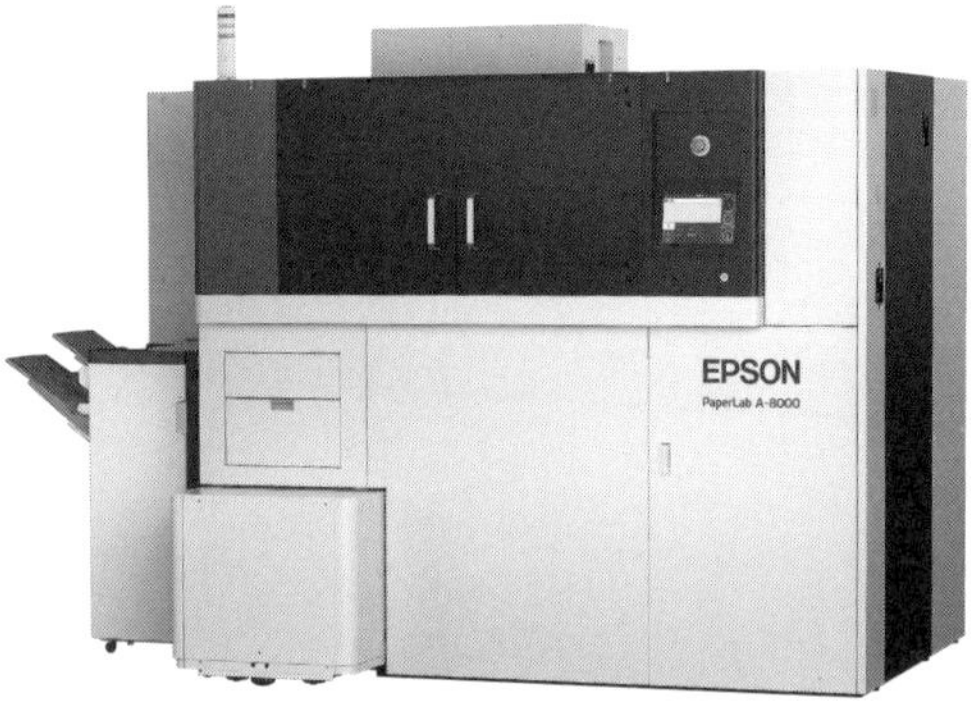

※写真セイコーエプソン提供

ペーパーラボ

SDGs未来都市の長野県やSDGs企業の東京海上日動、みずほ銀行、三井住友銀行など「S

ＤＧｓ仲間」での導入が進んでいます。

地方創生では、ともすれば小規模な連携にとどまり大企業の参画につながりにくい面がありますが、ＳＤＧｓ未来都市に94自治体が指定されているので、ＳＤＧｓという共通言語を活用することが今後効果的な活動につながります。

Q3 地方の稼ぐ力をどうつけるのか？

地方創生で「発信型三方良し」

近江商人の経営哲学である「三方良し」――「自分良し、相手良し、世間良し」が改めて注目されています。特に「世間」という言葉は含蓄が深く、「世間」に地方創生ＳＤＧｓという課題も入れて経営に生かしていくのです。

企業も参加して継続的に新たな価値を生んでいくためには、三方良しでのウィン・ウィン・ウィン関係の構築が重要です。

三方良しはもともと近江商人の経営理念ですが、企業以外の自治体・団体・ＮＰＯ・大学などの幅広い組織の在り方としても「自分良し、相手良し、世間良し」として当てはめて

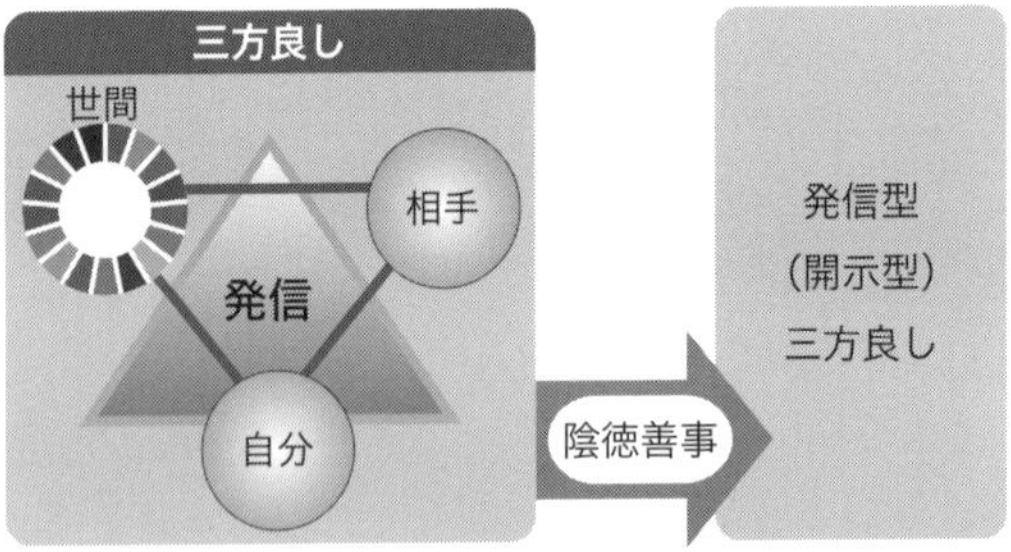

※筆者作成、SDGsロゴは国連広報センター

発信型三方良し

いけると思います。企業の場合は「売り手良し、買い手良し、世間良し」となります。これに発信をつけて「発信型三方良し」にします。

また、地方創生における発信型三方良しにはいくつかのコツがあります。政策は市民の理解と参加なしには加速しません。このため、自治体の首長が先頭に立って取り組みをわかりやすく効果的に発信している事例が成功しています。これに呼応して企業からも発信していくとより効果が高くなるでしょう。

発信で3つの広がり

発信型三方良しでは、効果的な発信があれば、より一層人と人とのつながりが広がりますので、関係者の「みんなの学び」を、3つの面で広げることが大事です。

① 地理的広がり:優良な活動が他の地域にも伝播していくという水平展開
② 時間的広がり:よいことは一過性にとどめずに継続性が期待される
③ 情報的広がり:共感とノウハウの情報が社会に広がっていくこと

③の情報的広がりについて、情報が伝わりにくいという課題がかつてはありましたが、現在は、SNSを含め情報通信手段が高度化し、情報的広がりが確保しやすくなったのは大きな変化

です。ここに地方創生の重要なヒントがあると思います。

また、企業は「陰徳善事」（よいことは黙っていても、わかる人にはわかる、という意味）のメンタリティから、自治体への協力は「黒子」的で表に出ないことも多かったと思います。一方の自治体も企業を参加させる場合には、「黒子」化して社名を出さないことがあります。これでは、企業は株主等の様々な関係者への説明責任を果たすこともできず、社会に認知されて企業価値を上げることも難しくなります。

今後は、「顔の見える」連携を通じて、企業・自治体が「発信型三方良し」を実践していくことが重要です。

Q4 地方の生き残り作戦との関連性は？

新グローバル時代

新型コロナウイルスのパンデミックで、先行きの見通しは不透明になりました。

コロナ前は、訪日外国人の「インバウンド消費」が全国でうねりを見せ、日本のスキー場や温泉にも多くの外国人が訪れていました。

今後のニュー・ノーマルではインバウンド消費はどうなるのでしょうか。

外国人需要だけに頼るわけにはいきません。当面、海外旅行に行きにくくなった日本人に対しても、各地の良さを改めて見直してもらうチャンスです。

いずれにしても、ポストコロナに向けて、世界の共通言語であるＳＤＧｓ活用の価値があります。

日本の伝統と技術の「いいもの」「かっこいいもの」を「クールジャパン」として発信していく好機でもあります。２０２１年の東京五輪や２０２５年の大阪・関西万博に向けたチャンスを日本人がみんなで受け止め、生かしていく必要があります。

その上、情報通信技術の著しい進化で、地方発の情報が動画サイトやSNSなども含め、瞬時に日本全国や世界に伝わるという変化も見落とせません。

このように見ると、グローバル化といわれて久しいですが、「新グローバル時代」に入ったといえるでしょう。

地方創生SDGs

SDGs活用による地方の生き残り戦略について浮き彫りにできたイベントが、片山さつき・地方創生大臣（当時）、SDGs未来都市の阿部守一・長野県知事、小宮山宏・三菱総合研究所理事長、村上周三・一般財団法人建築環境・省エネルギー機構理事長などもお招きして、2019年3月に東京で行われた「未来まちづくりフォーラム」（筆者が実行委員長）でした。

フォーラムでは、地方創生SDGsの権威である村上周三氏は、富士山の図を示して、優れた自治体をトップランナーとして政府が認定して「ピークを高くする」、それによりベストプラクティスの普及とパートナーシップの推進につなぎ「裾野の底上げを図る」のがポイントだと指摘しました。この図はとてもわかりやすく地方創生SDGsの本質を表しています。

もはや「護送船団的」に全ての自治体を底上げしていく力は、国にありません。財源もないです。地方創生法でもはっきり示されたように自発性と自主性で切り抜けていくしかないのです。

ＳＤＧｓも自主的取り組みが基本です。これからは「やれる人がやれるところからやる」という形で新たなサバイバルが始まったとみていいのではないでしょうか。進行の遅い人に合わせていては、足を引っ張られて全体が沈んでいくからです。

その上で誰ひとり取り残さないというＳＤＧｓの理念が達成できるかどうかが問われているのです。ＳＤＧｓはそういう意味で難しさと「怖さ」があるのです。

コラム８：地域再生に求められる２つの視点
地域再生に際しては、次に示す２つの視点が重要です。
(1)ピークを高くする：優れた取組を行う自治体をトップランナーとして認定、支援
(2)裾野の底上げ：成功事例を他の自治体に幅広く発信し、パートナーシップを推進
(1)ピークを高くする⇨優れた自治体をトップランナーとして政府が認定
(2)裾野の底上げ⇨ベストプラクティスの普及とパートナーシップの推進

出典：「私たちのまちにとってのSDGs（持続可能な開発目標）
—導入のためのガイドライン—2018年3月版（第2版）」
自治体SDGs検討小委員会（委員長：村上周三氏）

Q5 「ＳＤＧｓ未来都市」及び「自治体ＳＤＧｓモデル事業」とは？

自治体でのＳＤＧｓ実装

地方創生分野における日本の「ＳＤＧｓモデル」を構築していくため、自治体によるＳＤＧｓの優れた取り組みを選定する「ＳＤＧｓ未来都市」制度が２０１８年にできました。２０１８年度29都市、２０１９年31都市、２０２０年度には33都市・34自治体（大阪府と大阪市による共同提案を含む）が選定されました。

また、特に先導的な事業を「自治体ＳＤＧｓモデル事業」として選定し上限３０００万円の補助金を支給します。各年度とも10事業が選定され、日本のＳＤＧｓモデルの構築に向けて取り組んでいます。

私は、この政策は自治体でのＳＤＧｓ実装に役立ち、２０１８年が「ＳＤＧｓ未来都市指定元年」で、２０２０年は「ＳＤＧｓ未来都市本格稼働元年」になると考えます。

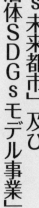

SDGs未来都市一覧

2018年選定（全29都市）※都道府県・市区町村コード順

都道府県	選定都市名
北海道	★北海道
	札幌市
	ニセコ町
	下川町
宮城県	東松島市
秋田県	仙北市
山形県	飯豊町
茨城県	つくば市
神奈川県	★神奈川県
	横浜市
	鎌倉市
富山県	富山市
石川県	珠洲市
	白山市
長野県	★長野県

都道府県	選定都市名
静岡県	静岡市
	浜松市
愛知県	豊田市
三重県	志摩市
大阪府	堺市
奈良県	十津川村
岡山県	岡山市
	真庭市
広島県	★広島県
山口県	宇部市
徳島県	上勝町
福岡県	北九州市
長崎県	壱岐市
熊本県	小国町

2019年選定（全31都市）※都道府県・市区町村コード順

都道府県	選定都市名
岩手県	陸前高田市
福島県	郡山市
栃木県	宇都宮市
群馬県	みなかみ町
埼玉県	さいたま市
東京都	日野市
神奈川県	川崎市
	小田原市
新潟県	見附市
富山県	★富山県
	南砺市
石川県	小松市
福井県	鯖江市
愛知県	★愛知県
	名古屋市
	豊橋市

都道府県	選定都市名
滋賀県	★滋賀県
京都府	舞鶴市
奈良県	生駒市
	三郷町
	広陵町
和歌山県	和歌山市
鳥取県	智頭町
	日南町
岡山県	西粟倉村
福岡県	大牟田市
	福津市
熊本県	熊本市
鹿児島県	大崎町
	徳之島町
沖縄県	恩納村

2020年選定（全33都市）※都道府県・市区町村コード順

都道府県	選定都市名
岩手県	岩手町
宮城県	仙台市
	石巻市
山形県	鶴岡市
埼玉県	春日部市
東京都	豊島区
神奈川県	相模原市
石川県	金沢市
	加賀市
	能美市
長野県	大町市
岐阜県	★岐阜県
静岡県	富士市
	掛川市
愛知県	岡崎市
三重県	★三重県
	いなべ市

都道府県	選定都市名
滋賀県	湖南市
京都府	亀岡市
大阪府	★大阪府・大阪市
	豊中市
	富田林市
兵庫県	明石市
岡山県	倉敷市
広島県	東広島市
香川県	三豊市
愛媛県	松山市
高知県	土佐町
福岡県	宗像市
長崎県	対馬市
熊本県	水俣市
鹿児島県	鹿児島市
沖縄県	石垣市

※ □ 網掛けは「自治体SDGsモデル事業」選定自治体
※★はSDGs未来都市のうち都道府県

出典：内閣府地方創生推進事務局資料

Q6 SDGs未来都市の要件は？

内閣府は、今後、自治体のSDGsの取り組みを支援し、成功事例の普及展開等を行い、地方創生の深化につなげていきます。SDGs未来都市の要件は次の通りです。

(1) SDGs未来都市

経済・社会・環境の三側面における新しい価値創出を通して持続可能な開発を実現するポテンシャルが特に高い都市・地域が選定されます。

(2) 自治体SDGsモデル事業

SDGs未来都市の中で実施予定の先導的な、次のような取り組みが選定されます。

① SDGsの理念に沿った統合的取り組みにより、経済・社会・環境の三側面における新しい価値創出を通して持続可能な開発を実現するポテンシャルが高いこと
② 多様なステークホルダーとの連携があること

③　地域における自律的好循環が見込めること

の3点が重視されています。

自治体はみずから申請書類を整えて、内閣府地方創生推進事務局に提出します。書類審査に通った自治体に対してはヒアリングも行われます。有識者により構成される審査により選定されます。

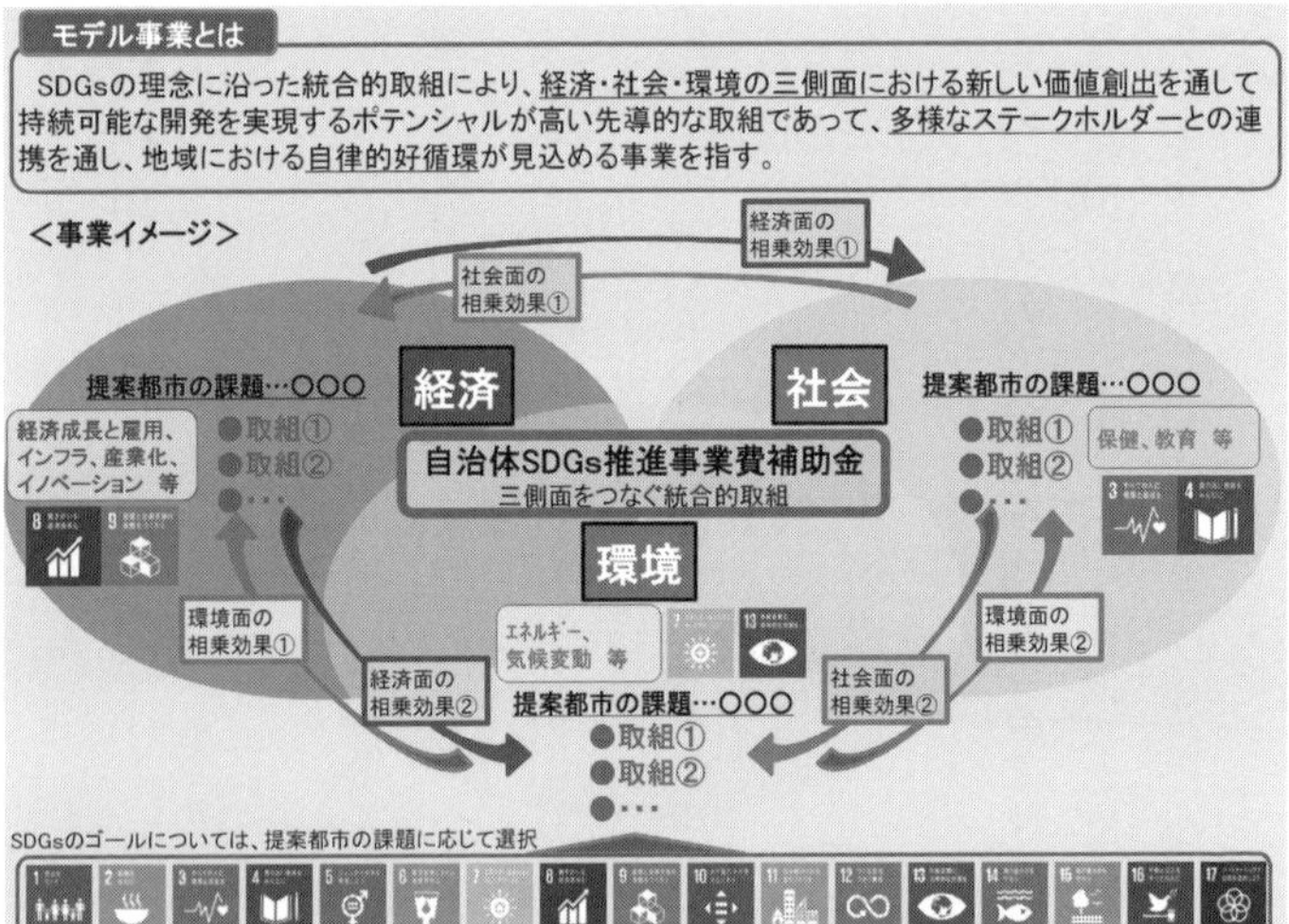

出典：「地方創生に向けたSDGsの推進について」（内閣府地方創生推進室）

自治体SDGsモデル事業について

Q7 コンパクトシティとの関係は？

ＳＤＧｓ未来都市の主要テーマのひとつがコンパクトシティ政策です。目標11「住み続けられるまちづくりを」については、①都市のコンパクト化と周辺等の交通ネットワーク形成、②稼げるまちづくり、③公共施設等の集約化・活用や空き家の活用などの政策課題の推進において、ＳＤＧｓの目標や指標を活用することができます。２０１８年度にＳＤＧｓ未来都市及び自治体ＳＤＧｓモデル事業に選ばれた富山市では、次世代路面電車などの公共交通機関を整備し、社会インフラを拡充。富山市はかつては自動車への過度の依存がありましたが、持続可能なコンパクトシティに変わろうとしています。富山市は、パリ、メルボルン、ポートランド、バンクーバーとともに、ＯＥＣＤ（経済協力開発機構）で、経済、社会、環境面での幅広い効果があるコンパクトシティ政策の事例研究の対象に選定されています（２０１２年6月現在）。

私は農林水産省でＯＥＣＤも担当したことがあるので、その事例になることはすばらしいということがわかります。

富山市では、インフラ整備と合わせ、ソフト面での対策を打っています。中心市街地活性化や高齢者が町中に出る政策・健康政策を複合的に組み合わせた共通価値創造政策です。詳しくは第3巻で紹介します。

Q8 まちおこしの具体的手法は？（環境・人づくり、地域資源の活用）

ＳＤＧｓの推進に当たり、最も重要な目標で他の目標にも影響を与えるものを、「テコの原理」が働くという意味で「レバレッジ・ポイント」といいます。地方創生では、目標11「住み続けられるまちづくり」が該当します。

目標11は「都市ＳＤＧｓ」ともいわれます。17目標の中で唯一、具体的な空間をイメージしたものです。都市は「Systems of Systems」であり、多種多様なシステム（エネルギー・交通・下水道・社会・経済など）を持つため、最も連携が必要な分野です。まちおこしには様々な方法があります。ＩＣＴ、環境、人づくり、地域資源の活用などの切り口があります。

これらを総合化した例として、ＳＤＧｓ未来都市の石川県白山市では、第1回ジャパンＳＤＧｓアワード内閣官房長官賞を受賞した金沢工業大学や、「ドコモの地域協創」というプログラムを全国展開するＮＴＴドコモと連携しており、ＳＤＧｓにおける5Ｇ・ＩＣＴの利活用推進に関する連携協定を締結しています（２０１８年11月現在、詳しくは第3巻）。

Sustainable
Development
Goals

第4章

SDGsの未来

これからSDGsがどのように進展していくのかを展望しましょう。

Q1 パンデミックとSDGsの世界での展開は?

SDGsとの関係

今回の新型コロナウイルス感染症のパンデミックについては、SDGs目標3のターゲット「3・3」「感染症への対処」に焦点が当たっています。

このターゲットの対応に、他の目標やターゲットがどのように絡むかという、「リンケージ」を考えていかねばならないのです。すぐ思いつくのは、同じ目標3のターゲット「3・8」や「3・b」にある、基礎的保健サービスの整備やワクチン開発です。

パンデミックは、経済・社会・環境の全てのターゲットに絡みます。目標9の技術革新（医療機器や関連機材）、目標8の働き方改革（テレワークなど）、目標4の教育・訓練（新たな生活に向けて）、目標16の平和と公正性（ワクチンの配布など）、そして目標17のグローバル・パートナーシップが重要です。

そして何よりも、自分の健康を守るため、目標11の持続可能なまちづくりでは、健康なまちづくりが重要です。

　これを経営学などで使うPEST分析（PESTとは、「Politics（政治）、Economy（経済）、Society（社会）、Technology（技術）」の4つの頭文字で、これら4点から事柄を分析する方法）に当てはめてみると、下図のとおりです。全体に、3番がクローズアップされ、Eのところは経済活動の継続に向けての様々な見直しが必須です。Sでは住んでいるまちでの健康確保は大丈夫かという要素がクローズアップされています。働き方改革のテレワークの推進なども重要です。Tでは、これらを解決していくための技術革新がどのように進むのかが注目されます。そして、Pでは今後、世界的な協調体制が焦点となります。

　このような中で自治体や企業が自身のブランドの価値を毀損せずにどのように的確に危機対応しているか

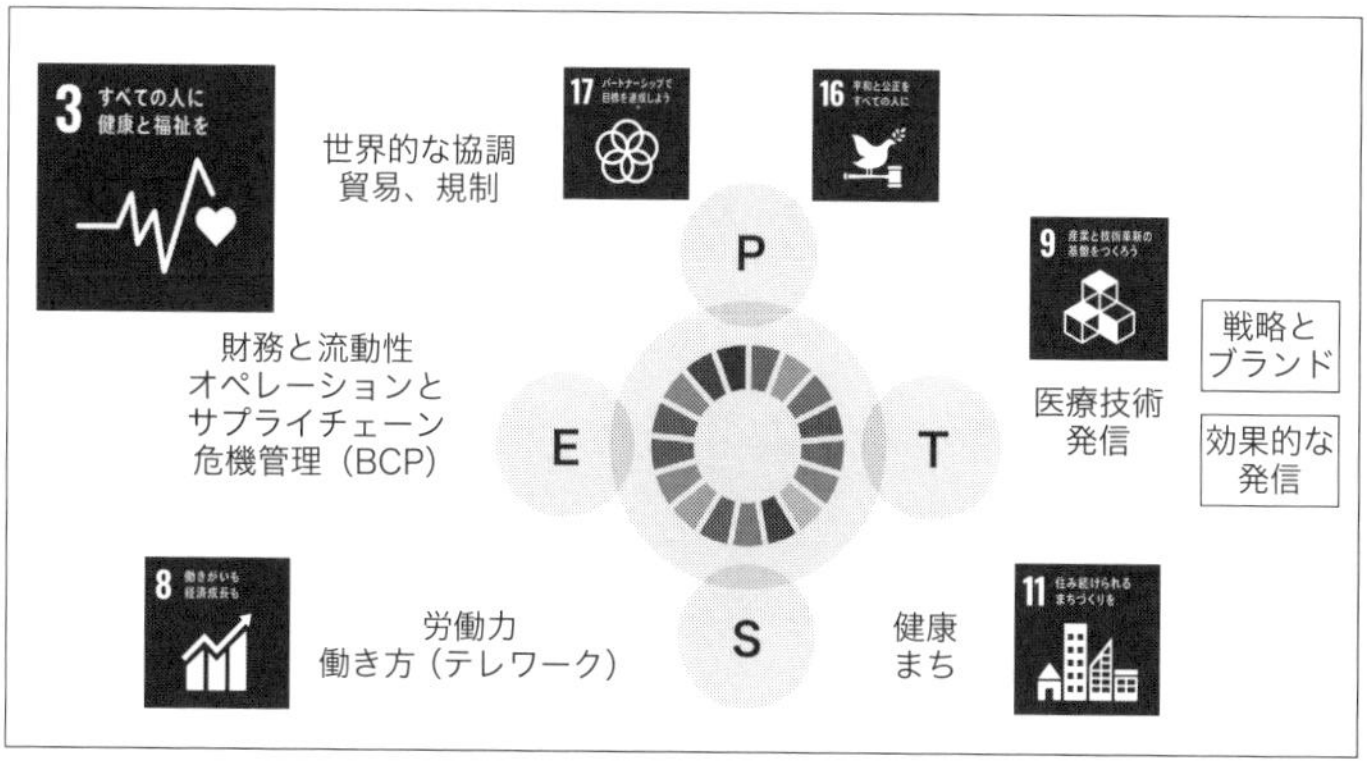

出典：筆者作成、SDGs図版は国連広報センター

ポスト・コロナとPEST分析

という発信が重要です。

グレート・リセット

そして世界では、「誰ひとり取り残さない」という公正性を基本に置いて、ワクチン開発や感染拡大防止のためのためのグローバル・パートナーシップの目標17が重要になっています。

仮にＳＤＧｓがなかったならば、このような議論は基礎からしていかなければいけないのです。現在はこのＳＤＧｓを羅針盤として使った議論ができるところが強みです。世界がこのような予期せぬ危機に見舞われている状況の下で、ＳＤＧｓの価値は一層高まってくると思われます。

今、世界では「グレート・リセット」（The Great Reset）」がキーワードです。いわば「仕切り直し」で、これまでの仕組みや価値観では対応できない「大変革」といってもいいでしょう。このパンデミックを契機とした、より良い社会に向けたグレート・リセットは、２０２１年１月に開催される世界経済フォーラム（ダボス会議）のテーマにもなっています。

Q2 日本でのSDGsの未来像は？

SDGsは進化するプロセス

これまで、SDGsの基本、SDGsの活用方法、SDGs未来都市などについて述べてきました。

SDGsは世界193か国の合意のもとにできた集大成の目標ですので、全ての国や自治体に当てはめようとしても、それぞれ特性がありますので、使えない部分も出てきます。

一方、日本の自治体にとって個性や強みを発揮できる要素が盛り込まれていない可能性もあります。そこでSDGsをひとつの物差しとして使い、使いにくいところはこれを補強・修正していく姿勢が必要です。

例えば、「プラチナ社会」構想でまちづくりも推進するプラチナ構想ネットワークがあります（小宮山宏三菱総研理事長、元東京大学総長が代表）。日本のような先進国で目指す、「プラチナ社会」の「プラチナ」には、エコ（グリーン）、健康（シルバー）、IT（ゴールド）など、様々な輝きを越えた1ランク上の暮らしという意味が込められています。

このような豊かな暮らしの目標やターゲットはＳＤＧｓには明確には盛り込まれていません。また、日本の特性である「おもてなし」社会のような概念も入っていません。むしろこれらは日本発でＳＤＧｓの17目標を越えて、「目標18」として今後国連に提案する意気込みで対応しましょう。「自主的」取り組みを基本にしたＳＤＧｓの「妙味」がここにあります。

ＳＤＧｓは4年ごとに首脳レベルの会合でフォローアップがあります。次回は２０２３年です。自治体ＳＤＧｓのモデル的な取り組みについても発表の機会があると思います。

ＳＤＧｓは「進化する（ｅｖｏｌｖｉｎｇ）プロセス」であると理解できます。２０１５年時点で世界の未来像が固定されるはずがありません。新たな課題に対応して進化させていくべきものです。現在は、新型コロナウイルスに対する「ニュー・ノーマル」の模索で、目標３「健康」のターゲットをはじめ、見直しが必要な状況となっているのです。

Q3 自治体のアイデンティティを発揮するには？

規定演技と自由演技

前述の通り、地方創生ＳＤＧｓでは、ＳＤＧｓという世界共通のものさしで客観的に自己を分析することにより、魅力の発見や魅力を高める要素を再認識したり、劣った部分を改善することが可能です。「ローカルアイデンティティ」と言われます。

私はこれを「センス・オブ・プレイス」、その場所を特別と感じさせる何かと表現しています。

ＳＤＧｓは、フィギュアスケートに例えれば、まずは規定演技（ショート・プログラム）としてＳＤＧｓを当てはめた上で、次には、自分の自治体の個性は何か、強みは何か、を考え、自由演技（フリー・プログラム）をしなければならないのです。ただし、自由演技はできるが規定演技はできないというわけにはいきません。

そして自由演技に当たって世界の共通言語であるＳＤＧｓを使えば光ります。これまで様々な取り組みについて日本語でいろいろ発信してきたと思いますが、世界共通の言語ではないので伝わりにくい面がありました。この点が大きく違うのです。

同様の考えで、企業もＳＤＧｓに取り組んでいますが、自治体のＳＤＧｓと違い、指標を設定するのは難しい面があります。一企業で対処できるターゲットは限られるからです。

これに対し自治体では、世界の指標では難しいものについては、国の指標やローカライズされた指標を参考にできます。つまり指標が立てやすいのです。なぜなら、自治体行政では、これまでも指標を立てつつ計画的に推進してきたからです。

ＳＤＧｓの３層構造といわれる、目標、ターゲット、指標がありますが、この３点がしっかりそろっているのが自治体ＳＤＧｓです。その意味で他の主体によるＳＤＧｓ推進以上に大変先駆的な試みが、自治体ＳＤＧｓです。特にＳＤＧｓ未来都市に選定された自治体の計画を見て首長の考えを聞くと、自治体関係者のみならず、企業にとっても大変参考になります。

次のＱ４では、ＳＤＧｓの自由演技の事例として２０１８年度の第一弾のＳＤＧｓ未来都市に選定された、長野県を取り上げます。

Q4 モデルとなる自治体は？

自由演技の事例：長野県「学びと自治の力」

長野県のSDGsは「学びと自治の力による「自立・分散型社会の形成」」がテーマです。「2030年のあるべき姿」として、総合5か年計画「しあわせ信州創造プラン2・0」の基本目標「確かな暮らしが営まれる美しい信州」の実現を目指すことを挙げています。

長野県の総人口は2000年をピークに減少に転じており、2017年は約208万人。四方を「日本の屋根」と呼ばれる3000m級の山々に囲まれ、8つの県と接する広大な県土の中に、盆地や谷ごとに、都市部と山間部が近接し、多彩な独自の文化が育まれています。

公民館数が全国一多いことに加え、博物館数（全国2位）や図書館数（全国6位）も全国有数であるといった恵まれた環境を活かし、学びの県づくりを進めています。また、平均寿命が女性全国1位、男性全国2位の長寿県であるとともに、高齢者の就業率も全国1位となっています。

これを生かし「誰もが学べる環境づくり」として、学習支援や食事提供、悩み相談等を行う信州こどもカフェの設置の推進、長野県立大学開学とソーシャル・イノベーション創出センターの設置等の取り組みを行っています。

また、長野県は、水量と高低差がある河川、豊富な森林資源、年間を通じて長い日照時間など、再生可能エネルギー資源の宝庫で、「地域の自発的な自然エネルギーの普及促進」を図っています。

長野県ＳＤＧｓ未来都市計画では、以上の内容をＳＤＧｓと関連付けています。下の図表がＳＤＧｓ目標（ゴール）、関連ターゲットです。経済、社会、環境の目標とターゲットが示されています。

これに対応する指標（２０３０年の目標）は次頁の図表の通りです。指標のことをＫＰＩ（主要業績評価指標：Key Performance Indicator）といい、優先的なゴール・ターゲットに関するものは８項目があります。つまり県の行政の中で相当に数多くの目標があると思いますが、その中から就業率、健康

経済	社会	環境
ゴール8　ターゲット8.1、8.5 ゴール9　ターゲット9.1 	ゴール3　ターゲット3.4 ゴール4　ターゲット4.5、4.7 ゴール11　ターゲット11.a ゴール17　ターゲット17.16、17.17 	ゴール7　ターゲット7.2 ゴール12　ターゲット12.8 ゴール13　ターゲット13.1、13.3 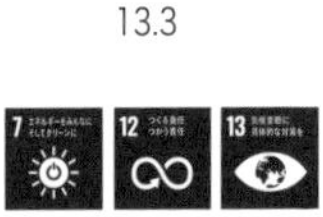

出典：「長野県SDGs未来都市計画（令和元年10月　第一版改定）」

経済・社会・環境の目標とターゲット

寿命、再生可能エネルギー自給率などを盛り込んで8つを重点として絞り込んでいるわけです。

長野県のこのSDGs未来都市計画は有識者からも次のように高い評価を受けています。

・全体計画はバランスがとれており、かつ優先的なゴールに関するKPI（8つ、図参照）はいずれも適切で、全国と都道府県のモデルになり得るものとして評価できる。

・SDGs推進企業登録制度に基づく長野モデルは、地方創生の文脈でも横展開が期待される。この分野で長野は世界的にもリーダーシップを発揮できるものと考えられ、海外等へ向けたものの

	No	指標名 ※【 】内はゴール・ターゲット番号	当初値	2030年
優先的なゴール、ターゲットに関するKPI	1	労働生産性【8.1、8.5、9.1】	2014年度　7,122千円/人	2030年度　7,885千円/人
	2	県民一人当たり家計可処分所得【8.1、8.5、9.1】	2014年度　2,393千円	2030年度　2,770千円
	3	社会増減【3.4、4.5、4.7、11.a、17.16、17.17】	2017年　▲739人	2030年　0人
	4	就業率【3.4、4.5、4.7、11.a、17.16、17.17】	2016年　60.7%	2030年　61.5%
	5	健康寿命【3.4、4.5、4.7、11.a、17.16、17.17】	2013年　男性79.80年 女性84.32年	2030年　全国1位
	6	県と企業・団体等と協働して行った事業数【3.4、4.5、4.7、11.a、17.16、17.17】	2016年度　194件	2030年度　290件
	7	再生可能エネルギー自給率【7.2、12.8、13.1、13.3】	2015年度　8.0%	2030年度　23.4%
	8	発電設備容量でみるエネルギー自給率【7.2、12.8、13.1、13.3】	2016年度　91.0%	2030年度　162.9%

出典：「長野県SDGs未来都市計画（令和元年10月　第一版改定）」

2030年の目標

も含めた発信を期待する。また、こうした「オール長野」の取り組みとして展開していくことは大変評価でき、成果を周知していくことも期待する。

このように既存の総合5か年計画の中にＳＤＧｓを入れ込んでいることが特色です。

私が実行委員長を務める「未来まちづくりフォーラム」第1回では、長野県の阿部守一知事をお招きしました。同フォーラムはＳＤＧｓを使い「協創力」で日本創生モデルをつくることをテーマに関係8府省等の後援名義もいただき実施しました（第1回は東京で2019年3月、第2回は2020年2月に横浜で開催。次回第3回は2021年2月24日に同じく横浜で開催を予定。フォーラムでは、未来まちづくりＳＤＧｓ宣言を策定。第2回の概要は次の通り。主催：未来まちづくりフォーラム実行委員会、協賛：イオン株式会社、ＮＥＣネッツエスアイ株式会社、株式会社ＮＴＴドコモ、エプソン販売株式会社、株式会社オカムラ、株式会社ＪＴＢ、ＰｗＣコンサルティング合同会社、株式会社ＬＩＦＵＬＬ、特別協力：サステナブル・ブランド国際会議 横浜／後援：内閣府、総務省、文部科学省、厚生労働省、農林水産省、経済産業省、国土交通省、環境省、全国知事会、全国市長会、全国町村会、一般社団法人ＣＳＶ開発機構、全国地ビール醸造者協議会（ＪＢＡ）、一般社団法人ソーシャルビジネス・ネットワーク、一般社団法人チームまちづくり、エコッツエリア協会（一般社団法人大丸有環境共生型まちづくり推進協会））。

ここでは、阿部知事と私がフォーラムの前に対談した内容を再録します。

企業と行政が共に課題に取り組む時代——阿部守一・長野県知事インタビュー

基調講演に登壇したＳＤＧｓ未来都市・長野県の阿部守一知事に、笹谷秀光実行委員長が話を聞いたものです（文中の傍線は筆者）。

笹谷：今回、未来まちづくりフォーラムにご登壇いただけることになりまして、ありがとうございます。

阿部：お声がけいただき、ありがとうございます。

笹谷：未来まちづくりフォーラムは「未来のまちをどうつくるか」という思いを持つ自治体や企業、関係者が連携し、「協創力」で新たな価値をつくる力を磨く実践の場です。

今回、どのような思いで知事として登壇されるかお聞かせください。

阿部：私は長らく行政の立場で、公務員として仕事をしてきました。まさにＳＤＧｓで挙げられている課題がそうですが、日本のいたるところに社会的課題があり、その多くは

行政だけの力では解決できないということを強く感じています。

長野県では「県民参加と協働」を県政推進の基本的な考え方にしています。私は色々なところで県民のみなさんとお話をするときに、「あちら側、こちら側と分けるのはやめましょう」と必ず呼びかけています。私たちは要求する人。私たちは要求される人。そういった一方通行で片務的な関係性は、これからの社会を良くしていかないと思います。

知事としてできることもあれば、私だけではできないこともあります。むしろ、できないことの方が多いかもしれません。例えば、孤立しているお年寄りをサポートするためにこんな政策をやろうと私がいくら言っても、近所や地域の支えが機能しなければ絵に描いた餅です。「私にできることがあれば、みなさんにもできることがありますよね。ぜひ一緒にやりましょう」と常に話しています。

企業と行政の関係も同じだと思います。行政側も「企業を支援します」と言いがちです。しかし、これからは協働やコラボレーションという形で、それぞれの得意な力を出し合いながら解決していく──。一方通行の支援ではなく、お互いの強みを生かした協働、これは、あらゆる場面で求められていると思っています。

私はこのフォーラムで、行政の視点で問題意識をお伝えすることになると思いますが、企業のみなさまにもぜひ一緒に考えていただきたいです。

今、世界中がつながる時代です。世界規模の最先端の知見で、長野県のローカルな課題に対処していくというコラボレーションが生まれる機会になればと、大いに期待しています。

笹谷：まさに、知事がおっしゃったキーワードを実践する場として、未来まちづくりフォーラムを設計していきたいと思っています。

長野県では、2013年度に策定された総合5か年計画「しあわせ信州創造プラン」が着実に浸透し、2018年度から「しあわせ信州創造プラン2・0」を展開しています。「しあわせ信州」というわかりやすい言葉を使い、双方向のやり取りを行うことを大事にされていると感じます。

長野県は2018年6月、SDGs達成に向けて優れた取り組みを掲げる「SDGs未来都市」のひとつに選ばれました。SDGsという世界の共通言語が生まれる以前から、長野県ではSDGsが掲げる課題と共通する課題の解決に取り組んでこられていたと思います。SDGs未来都市に選ばれたのはそういう過程があるからこそだと思いますが、選ばれたことにどういう思いをお持ちでしょうか。

阿部：率直に嬉しいです。同時に、未来都市として取り組みをリードしていかなければという思いがあります。「しあわせ信州創造プラン2・0」では、それぞれの重点政策とSDGsの17目標を関連付けて策定しました。自治体の計画としては、先進的な取り組みではないかと思います。

知事の仕事をしていて常に感じているのは、今やあらゆる分野が世界とのつながりを抜きにしては語れないということです。

例えば、長野県は製造業が盛んな地です。航空宇宙産業や医療機器産業は、常に世界の企業と競争しています。一方で、農業や林業という産業は今まで海外を意識してきませんでした。しかし人口減少社会の中で、国内需要が確実に減少することを考えれば、やはり海外市場もしっかり念頭に置いていかなければなりません。インバウンド観光の振興も同じです。

また、2019年6月15―16日には、軽井沢でG20の「持続可能な成長のためのエネルギー転換と地球環境に関する関係閣僚会合」が開催されます。長野県はこれまで自然と共生し、自然を守りながら、産業を発展させてきました。地球温暖化防止に向けた取り組みも、全国に誇れる取り組みをしてきました。まさに、こうした取り組みは世界の国や地域と連帯しながら進めていくことで大きな効果が表れるもので、長野県だけが頑張っても効果は限定的です。

そう考えれば、世界規模の視野で課題を考えるSDGsをしっかり念頭に置きながら、政策を進めていくことが重要です。総合計画はそうしたことを形にしたものです。

SDGsに対する県内全体の意識や取り組みは、まだまだこれからという部分もあります。今後、長野県としては、SDGsというキーワードを様々な関係者と広く共有し、協力しあって、地域課題の解決を図ると同時に国際社会における責任も果たしていきたいと考えています。

笹谷：おっしゃる通りです。今回のフォーラムの３つのキーワードは、「日本の良いものを『クールジャパン』として掘り起こす」「『インバウンド』なども含めて国際的な視点をもって対処する」「『レガシー』として未来に残るような遺産づくり、承継できるようなものをつくっていく」です。

日本は２０１９年にG20、２０２０年（２０２１年に延期）にＳＤＧｓ五輪、２０２５年にＳＤＧｓ万博を控えています。日本の良さを発揮する絶好のチャンスだと思います。

当日は、持続可能なブランドをつくろうという意識の方が沢山集まります。知事には、オープニングトークとシンポジウムの両方にご登壇いただきます。今日お話しいただいたことも含め、シンポジウムではさらに内容を深めたお話をいただくことになっておりますので、心よりお待ちしております。ありがとうございました。

※２０１９年2月15日に行われた対談。サステナブル・ブランド ジャパン編集局による記事を再整理したもの
(https://www.sustainablebrands.jp/community/news/detail/1191756_2521.html)

ポイント

「しあわせ信州」をキャッチフレーズにする長野県は第1回目の「ＳＤＧｓ未来都市」指定の県です。そうした知事の立場からＳＤＧｓを語る阿部知事の話では、世界の中の長野県といった幅広い視点が光ります。２０１９年に行われたＧ20の持続可能な成長のためのエネルギー転換と地球環境に関する関係閣僚会合も成功裏に終わり、「世界の長野」を訴えました。一昔前のように、世界からの情報が東京に集まり、東京から地方に情報が伝達される、という時代はとっくに終わっています。

今や光を放つ自治体は世界とダイレクトにつながります。各自治体は常に世界的視野の下で自分の自治体の在り方を考えていく必要があります。

阿部知事との対談からは次の点が重要だと思います。

○ＳＤＧｓで挙げられている課題の多くは行政だけの力では解決できないということ。
○企業と行政の関係は、これからは協働やコラボレーションという形で、それぞれの得意な力を出し合いながら解決していく協働があらゆる場面で求められていること。
○今やあらゆる分野が世界とのつながりを抜きにしては語れない、世界視野のＳＤＧｓを念頭に置きながら、政策を進めていくことが重要で、総合計画はそれを形にしたもの。

Q5 自治体ＳＤＧｓの要諦は？

自由演技としてのＳＤＧｓ目標11

今後の地方創生ＳＤＧｓの展望はどう描けばいいでしょうか。

まちづくりで重視したいのは「センス・オブ・プレイス」、つまり、そのまち固有の価値です。また、そこに存在することの価値と共感を呼ばなければいけない、そういう意味で「シビック・プライド」が重要です。

ＳＤＧｓのアイコンを横に並べて、１番は、２番は、３番は、と暗記しているのでは頭に入りにくいです。ＳＤＧｓ目標11番、これは英語で言いますと、「Sustainable Cities & Communities」です。コミュニティという表現のとおり、「中央対地方」とかいうことではなくて、それぞれのまちとコミュニティの活性化がテーマです。

また、まちづくりはあらゆる目標に関係ありますので、図のように11番を真ん中に据えた見方もあるわけです。もちろん17番のパートナーシップも重要です。

このような整理で考えていくといいと思います。

実は、「都市のＳＤＧｓ」は、唯一実際に目に見える目標であり、都市は「Systems of Systems」と言われているように、経済・社会・環境のシステムの集合ですので他の全ての目標に絡むのです。

このようにＳＤＧｓをお仕着せのものではなく、自分自身の考え方で変幻自在にＳＤＧｓを使いこなしていく、そういう「ＳＤＧｓ自由演技」の時代に入ったと思います。

※筆者作成

SDGs11を軸に

Q6 さらにSDGsの理解を深めるには？

協創力

複雑な課題に対処するためには、関係者の連携・協働による「協創力」がいかに大事か、長野県知事のお話にもありました。

そのための活動の共通基盤（プラットフォーム）を見つけるコツ、つくるコツも随所で述べました。企業の共通価値創造力を活用するためにも、身近にヒントがあることがわかっていただけたと思います。

プラットフォームも次から次とできています。交流や学びで実践力をつけましょう。次頁の図表の通り自治体主導のものも企業主導のものも進行中です。

内閣府は2018年8月、「地方創生ＳＤＧｓ」のための官民連携プラットフォーム（会長＝北橋健治北九州市長）を発足させました（会員は自治体、関係府省庁、民間団体などであり、企業提案の分科会も進行中である。http://future-city.jp/platform/）。民間主導では私が実行委員長の「未来まちづくりフォーラム」があります。

今後、プラットフォームを活性化する仲介役・調整役（ファシリテーター）やまとめ役（コーディネーター）の役割が重要になります。参加者がよき「気づき」を得るため議論をうまく回して、参加者の考えを引き出し進行していくのが、ファシリテーターの機能です。横文字の表現からわかるように、「陰徳善事」で「わかる人にはわかる」と言って、ディスカッションが少ない日本では、あまりなじみのなかった役回りです。

これでみなさんも三方良しの構図を見つけたり、つくったりがしやすくなったと思います。

突き詰めれば、全ては人と人とのつながりです。人と人のつながりから共通価値を創造するのです。つながり方が今、課題なのです。ＳＤＧｓ17のパートナーシップでうまくつながるにはコミュニケーションの質、コミュニケーション力が重要です。

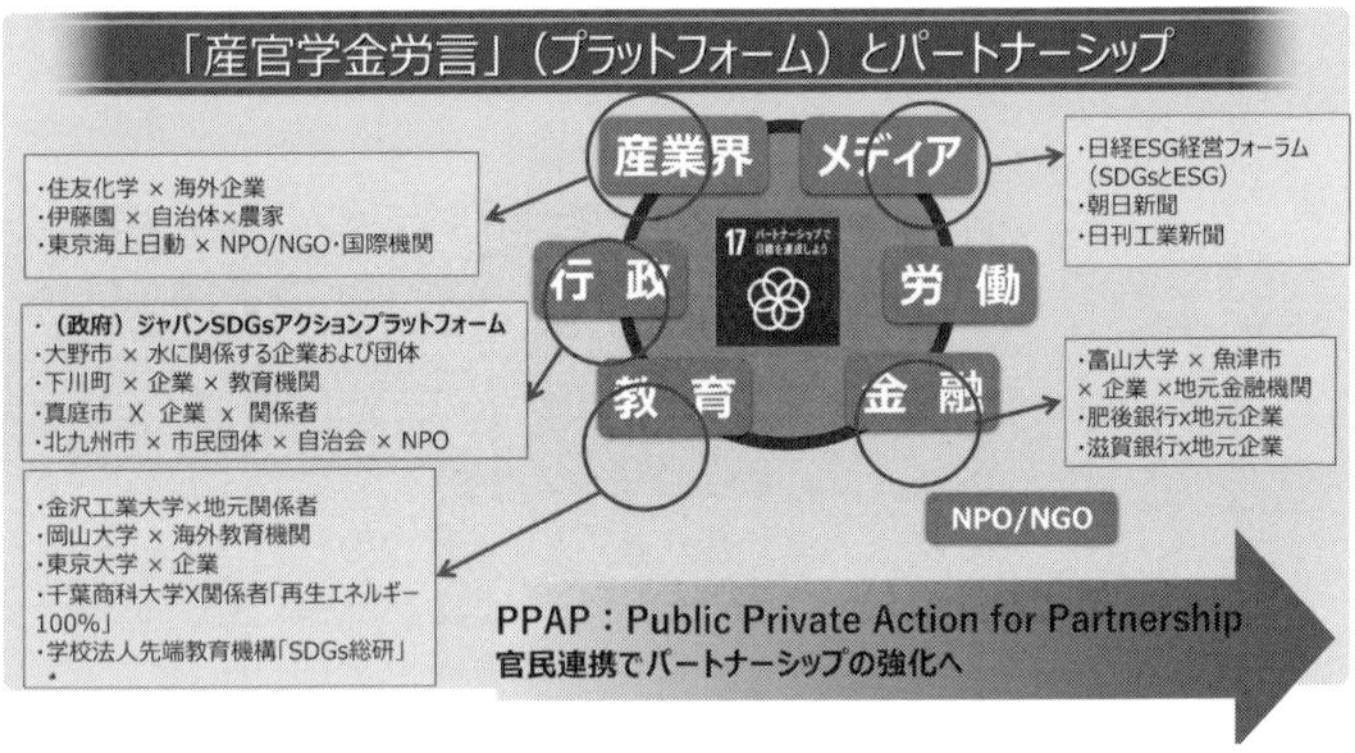

※筆者作成

SDGsのプラットフォーム「産官学金労言」

おわりに　理解から実践へ（第2巻に向けて）

自治体ＳＤＧｓのポイントは、ＳＤＧｓは身近なところにあるということです。

また、ＳＤＧｓは自主的取り組みです。活用次第で、関係者連携を強化して、自分の組織を変革し、活性化できます。

現在、我々は、新型コロナウイルスの脅威の中で、どのように新しい世界に持っていくのか、まさに「グレート・リセット」の真っ最中にいます。このような中で「羅針盤」が欲しいところです。ＳＤＧｓは進化するプロセスとして活用できる、すぐれた羅針盤です。

第２巻では実際に地方創生ＳＤＧｓを進めるためのメソッドについて触れていきます。また、第３巻では事例をより深掘りし理解を深めます。

本書３巻セットが皆様のＳＤＧｓまちづくりのヒントになることを心から期待します。

令和２年10月

千葉商科大学基盤教育機構・教授　笹谷　秀光

謝辞

本書は、編集いただいた株式会社ぎょうせいの出版企画部企画課、小山由香氏、板倉実菜美氏、越智大介氏をはじめ、関係者の皆様の企画から始まりました。小山氏には、未来まちづくりフォーラムの私の基調講演も聞いていただき、自治体ＳＤＧｓをテーマにした3ステップという企画になりました。同社の皆様に心より感謝申し上げます。

また、内容を確認いただいた自治体・企業の関係者等及び資料収集に協力いただいたＪＦＥスチール・伊藤園ＯＢの内野和博氏に心より感謝いたします。

本書は、全て筆者の個人的見解に基づくものです。本書では、『協創力が稼ぐ時代―ビジネス思考の日本創生・地方創生』（ウィズワークス・２０１５年）で扱った事例のその後の展開にも触れています。また、オルタナ、環境新聞、Ａｇｒｉｏなど私が連載や投稿をしている記事のほか、博展が運営する「サステナブル・ブランド ジャパン」のサイトでの対談記事も活用させていただきました。

企業のＳＤＧｓ経営関連では、『Ｑ＆Ａ ＳＤＧｓ経営』（日本経済新聞出版・２０１９年10月）及び『ＳＤＧｓ見るだけノート』（筆者による監修・宝島社・２０２０年５月）も参照しています。企業ＳＤＧｓについては、これらも合わせてお読みいただければ幸いです。

著者紹介

笹谷　秀光（ささや・ひでみつ）

千葉商科大学基盤教育機構・教授

CSR／SDGsコンサルタント

1976年東京大学法学部卒業。77年農林省(現農林水産省)入省。中山間地域活性化推進室長、牛乳乳製品課長等を歴任、2005年環境省大臣官房審議官、06年農林水産省大臣官房審議官、07年関東森林管理局長を経て08年退官。同年（株）伊藤園入社。取締役、常務執行役員を経て19年4月退職。2020年4月より千葉商科大学基盤教育機構・教授。

現在、社会情報大学院大学客員教授、(株)日経BPコンサルティング・シニアコンサルタント、PwC Japanグループ顧問、グレートワークス(株)顧問。

日本経営倫理学会理事、グローバルビジネス学会理事、特定非営利活動法人サステナビリティ日本フォーラム理事、宮崎県小林市「こばやしPR大使」、文部科学省青少年の体験活動推進企業表彰審査委員、未来まちづくりフォーラム2019・2020・2021実行委員長。

主な著書に、『経営に生かすSDGs講座』（環境新聞ブックレットシリーズ14)、『協創力が稼ぐ時代―ビジネス思考の日本創生・地方創生』（ウィズワークス)、『Q&A SDGs経営』（日本経済新聞出版)、『SDGs見るだけノート』（監修・宝島社）ほか。企業や自治体等でSDGsに関するコンサルタント、アドバイザー、講演・研修講師として、幅広く活躍中。

○笹谷秀光・公式サイト―発信型三方良し―

https://csrsdg.com/

○笹谷秀光の「SDGs」レポート（Facebookページ)

https://www.facebook.com/sasaya.machiten/

3ステップで学ぶ 自治体SDGs
STEP① 基本がわかるQ&A

令和2年11月20日 第1刷発行

著 者 笹谷 秀光

発 行 株式会社ぎょうせい

〒136-8575 東京都江東区新木場1-18-11
URL：https://gyosei.jp

フリーコール 0120-953-431
ぎょうせい お問い合わせ 検索 https://gyosei.jp/inquiry/

〈検印省略〉

印刷 ぎょうせいデジタル株式会社

※乱丁・落丁本はお取り替えいたします。

ISBN978-4-324-10912-0
(3100550-01-001)
〔略号：自治体SDGs1〕